阅读推广人系列教材（第五辑）

中国图书馆学会 编
王余光 霍瑞娟 李东来 总主编

中国书院
与阅读推广

主 编 李西宁
副主编 吴金敦

China Academy

and

Reading Promotion

朝华出版社
BLOSSOM PRESS

图书在版编目（CIP）数据

中国书院与阅读推广 / 李西宁主编 . — 北京： 朝
华出版社， 2020.8
　阅读推广人系列教材 . 第五辑
　ISBN 978–7–5054–4581–9

　Ⅰ . ①中… Ⅱ . ①李… Ⅲ . ①书院－读书活动－中国
－教材 Ⅳ . ① G252.17

中国版本图书馆 CIP 数据核字（2020）第 050640 号

中国书院与阅读推广

主　　编　李西宁
副 主 编　吴金敦

选题策划　张汉东
责任编辑　孙　开
责任印制　张文东　陆竞赢

出版发行　朝华出版社
社　　址　北京市西城区百万庄大街 24 号　　　　邮政编码　100037
出版合作　（010）68995593
订购电话　（010）68996050　68996618
传　　真　（010）88415258（发行部）
联系版权　zhbq@cipg.org.cn
网　　址　http://zhcb.cipg.org.cn
印　　刷　武汉市新华印刷有限责任公司
经　　销　全国新华书店
开　　本　710mm×1000mm　1/16　　　　　字　　数　190 千字
印　　张　13.5
版　　次　2020 年 8 月第 1 版　　2020 年 8 月第 1 次印刷
装　　别　平
书　　号　ISBN 978–7–5054–4581–9
定　　价　45.00 元

阅读推广人系列教材
编委会

总 序

由中国图书馆学会（以下简称"中图学会"）主持编写的丛书"阅读推广人系列教材"，是中图学会"阅读推广人"培育行动的一部分。

自 2005 年中图学会设立科普与阅读指导委员会（2009 年更名为"阅读推广委员会"）以来，各类型图书馆逐步重视开展阅读推广活动，并取得了丰硕的成果。在阅读推广过程中，很多图书馆面临不少问题，其中没有适合从事阅读推广的馆员是一个重要问题，而这对图书馆阅读推广活动能否持续、有效、创新地开展，将产生重要的影响。

鉴于此，中图学会阅读推广委员会于 2013 年 7 月，在浙江绍兴图书馆举办了"首届全国阅读推广高峰论坛"。这一论坛的目的是为图书馆免费培训阅读推广人，造就一支理念新、专业强、技能高的阅读推广人才队伍。首届论坛获得了图书馆界同人极高的评价。此后，在 2014 至 2015 年，中图学会阅读推广委员会又在常熟、石家庄、镇江、成都、临沂举办了五次免费培训，都取得了良好效果。

在绍兴阅读推广人培训之后，中图学会阅读推广委员会便着手考虑培训的专业化与系统性。为了更好地将阅读推广人培训工作顺利推进，委员会于 2014 年 7 月为中图学会制订了《培育阅读推广人行动计划（草案）》。该草案分四个部分：前言、培训课程体系与教材、专家组织、考核与能力证书授予等。关于阅读推广人，"前言"中写道：

"阅读推广人"是具有一定资质，可以开展阅读指导、提升读者阅读兴趣和阅读能力的专业与业余人士。

全民阅读、阅读推广，是立足中国文化、提高中华民族素质与竞争力的重要举措，近两年来受到政府与社会的广泛关注。为了推动全民阅读工作规范有效开展，培训"阅读推广人"是十分重要与必要的，也是很多机构，如学校、图书馆、大型企业、宣传部门十分需要的。

中国图书馆学会长期以来开展阅读推广活动，积累了丰富的经验，并拥有一批该领域的专家学者，从事全民阅读与阅读推广研究，他们承担课题或从事教育培训，取得了一定的成果，为进一步开展"阅读推广人"的培训、资格认证提供了重要的基础。作为以促进全民阅读，为读者终身学习提供保障为目标和社会责任的图书馆，应当成为阅读推广人培养与成长的摇篮。

中国图书馆学会为了更好地帮助图书馆、学校、大型企业、宣传部门等机构开展阅读推广工作，将阅读推广人培训作为一项长期工作。为了培训工作更好与规范地开展，特制订《培育阅读推广人行动计划》。参加培训的学员，通过一定的考核，中国图书馆学会将授予学员"阅读推广人"资格证书。

2014年12月11日，中图学会阅读推广委员会举办的"全民阅读推广峰会暨'阅读推广人'培育行动启动仪式"在常熟图书馆举行。会上，中图学会正式启动"阅读推广人"培育行动。

在"阅读推广人"培育行动中，教材的编写成为首要任务。这套"阅读推广人系列教材"是国内首套针对阅读推广人的教材。由于没有相关的参考著作，教材可能还存在一些不足。在今后使用过程中，对教材中存在的问题与不足，主编将做进一步的修订与完善。这套教材的问世，对中国阅读推广人的培育将发挥积极的推动作用。

"阅读推广人系列教材" 编委会

前　言

2017 年冬,中国图图书馆学会和朝华出版社计划出版"阅读推广人培训教材"后续几辑,给我的任务是《中国书院与阅读推广》一书,书稿完成,回头看来有些问题探讨阐释的还是不够全面深入,许多地方也存在缺憾。不仅仅因为这是一个全新的课题,随着国内传统文化的复兴,书院异军突起,但多在初步实践探索阶段,理论研究和思考尚不系统深入。同时,传统书院经验与现代书院的理论和实践结合融通,内容形式的阶段性界定和拓展,创造性转化,创新性发展也需要一个积累变化的过程——传统文化传承如何鲜活地体现时代性、时尚性、体验性,激活文化基因,融入社会生活,成为修身养德的自觉行为和文化底色;文化传承载体的重塑,现代书院的阅读推广如何汲取古代书院以及藏书楼历史积淀的成果,适应当下社会生活,适合民众的心理习惯,适用现代的社会服务机制,产生切实效果;新时代的经典理论话语形态构建与阅读推广开展等,都需要不断从理论和实践上提升完善,驭时而动,守正创新,取得实效,还任重而道远。

书院是中华文化卓然鲜明的符号,是中国独特的教育文化形态,是儒家思想的道场,是千年文脉传承的重要载体,是知识分子的人文精神家园。"社会服务形态 + 书院",也开拓了现代社会的阅读推广新模式,成为中华优秀传统文化弘扬传承的前沿阵地和书院复兴的重要力量。

一

众所周知,书院制度萌芽于唐,完备于宋,废止于清,前后千余年的历史,对中国古代社会教育与文化发展产生了重要的影响。无论繁荣和沉寂,强盛与危亡,书院所肩负的传承道统学统的文化使命,经世弘道、德业并重、知行合一、自由包容的书院精神内涵却没有改变,从而为社会历史发展特定阶段思想主题和价值找到了时代支撑，这也为它的复兴奠定了基础。古代书院跌宕起伏的发展轨迹和历史留下了丰厚的形态和文化遗产，尤其近百年书院的衰落销匿给我们留下许多思考，其时未远，对今天书院复兴发展也有颇多启示，更值得我们继承和探讨。

清末社会变革的思潮涌动，西学袭来，在启迪民智、造就人才、救亡图强的主题下，弊端猬集的书院早已跟不上时代发展的步伐，书院遂被改为学堂，成为实业兴学速成之途。在短短十几年时间内书院经历了艰难的革新融合，翻覆改制，最终被新式学堂取代，走向危亡。

审视这段历史，书院的社会形态在主流教育平台上就此结束，我们还是想用书院危亡来表达，而没有用消亡，因为清末至民国各地书院伏流星火，并未灭绝。一方面出于惯性过渡使然，另一方面是社会精英学者对西方教育针砭时弊的反思和对传统文化的坚守救亡一直没有停止过。

书院的危亡有其必然性，也有其偶然性。一方面政治社会体制深刻变革必然带动教育变革与之相适应。不仅要变革教育的对象、内容、方法，而且要变革教育的制度和理念。书院不能满足社会教育变革的客观需要，学堂应运而生促进了中国教育近代化进程，书院改制乃至危亡便成为中国近代社会历史发展的必然。另一方面这场迅速的变革改制，书院骤变为学堂，又有其偶然性。晚清统治者想迫切通过速成的改新来缓解危机，转型过激，其先天不足，必然带来民国以来学者所反思和批评的种种顽疾弊端，需要后天漫长的融合反思，借鉴发展弥补。再者，近代教育的转型发展对书院传统的消化和继承关系颇为疏离，他们之间本来就没有直接的迭代关系，虽然在学校的发展过程中，不断丰富汲取本土文化包括书院的营养，已经成为我们本身的教育发展形态，但并不能说明古代书院教育的宝贵经验和精神得到系统的保存和传承。在日益精细化学科化知识化的教育面前，传统人文素养、道德修养和文化基因的缺失，其带来的危害越来越显现，书院的回归和传统文化的自觉自信也许是最好的补救和完善。

二

古代的书院已经远去，消失在并不遥远的历史烟云中，而他的精神和文化功能却融汇在当代社会教育文化的方方面面，学校、科研院所、图书馆、社会服务机构等，都能看见他的身影，无论在民族危亡、西学大量倾入、社会转型、国家复兴过程中，其体现的文化价值和精神不断被唤醒，成为重塑中华文化精神的思想渊薮。书院教育的兴起衰落，又由衰而盛，是因为书院的精神可以救赎历史现实的困境或缺失。朱熹在《衡州石鼓书院记》中说："予惟前代庠序之教不修，士病无所于学，往往相与择胜地、立精舍，以为群居讲习之所。而为政者乃或就而褒表之，若此山，若岳麓，若白鹿洞之类是也。"现实需要、学术牵引和政府力行，这些因素一旦具备，书院复兴发展就成为可能。

20 世纪八九十年代起，书院重回读书人视野，在弘扬传承中华优秀传统文化的社会背景下，今天书院在新时期迎来了复兴，必以传承弘扬发展传统文化而存在。

目前，传统书院逐步修复并开展活动，当代新建现代书院也随着传统文化的复兴而不断涌现。据不完全统计数量已达万余所。如何让书院"活"在当下、明确历史定位使命，为传承中华优秀传统文化做出更大贡献，成为当今书院探索的重要方向。现在的书院不是传统意义上的书院，其本身教育功能的基础和优势已经明显不存在，这也就需要赋予其现代的存在价值和意义。

第一，文化传承意义更为重要，中华优秀文化传承是书院存在的重要功能。现代书院是一个文化传承的载体，开展经典传习、礼乐教化、道德实践、社会教育，注入符合时代需求的内容，创新体验传播方式，开展对中华传统文化的承继和研习，唤醒和激活中华民族的文化基因。第二，社会教育功能。书院是对现行教育制度的补充和完善，是开展社会教育的场所。一方面，书院不是与现行教育抗衡，走到指责和对立面，应成为现行教育有益的补充。另一方面，千百年来，书院大多采用人格教育和体验式教学形式，这些教学内容以修身为重，德业并重，明德育人，而这些正是我们主流教育之所缺，社会和谐进步之所需，对传统书院功能和精神实践积极汲取营养，可以疗治现行教育许多顽疾，塑造道器合一的"新君子"现代理想人格。第三，书院精神的褒扬发展。书院的终极意义是教人们学会思考，获得一种信念，一种价值观，具备分清是非善恶、美丑的判断力，实现知识追求与价值关怀相统一。这就要发扬书院精神。自由包容是书院的生命。包容开放的心态，海纳百川的心胸，面对社会和民众，润物无声，化成天下。同时，培养经世弘道的社会使命和责任感，致用书院有一副对联说得好："博学虽未能，审问慎思明辨笃行，期与诸君共勉；格物何极，正心修身齐家治国，推之天下可平。"坚持德业并重，不仅仅是注重传授知识，更重视德行的修养，乃至把德行放在比学业更为重要的位置上来对待。另外，强调实践性，奉行学用一致，知行合一的理念。书院教育本质上就是传承民族文化，以道德为体，生活为用，通过身心和谐，最终达到整个社会的和谐，世界的和谐。所谓"日月两轮天地眼，诗书万卷圣贤心。"这些精神与时代结合、生活融合，展现当代价值，书院才能走得更远更久。第四，书院是全民阅读的阵地。开展阅读推广，延续古代书院与现代社会机构的天然联系，复制传统文化中最优质的基因，延续文脉。实现馆藏典籍、阅读推广、礼乐教化、教书育人等功能的有机统一，在研究创新过程中实现对传统文化的弘扬与传承，提升文化服务效能。第五，涵养学问，接续中华文化的学统、道统。通过研究、创新、发展，开展学术研究阐释，在继承中返本开新，创造出适合新时代的先进文化。

三

书院的阅读推广在当今社会非常重要，也是现代书院复兴发展中具有重要意义的内容。书院围绕藏书、刻书、读书、著书而兴，是它与生俱来的品质，从书院诞生之日起就密不可分，并由此辐射展开。构成书院的"三大功能"的藏书、祭祀和讲学莫不如此，书院藏书本来就是中国四大藏书系统之一，讲学也是阅读推广的重要方式，而祭祀是一种榜样教育。书院祭祀时，拜读着对祭祀对象的丰功伟绩及表彰的祭文，祭祀对象作为学习榜样对生徒的激励作用可能会影响其一生。而书院的环境布局形制，乃至楹联匾额、山长名士，无不透彻出书卷的馨香和读书成己达人的氛围。

现代书院，传承优秀中华传统文化，推广阅读，需要从经典阅读开始，进行礼乐教化、道德实践，增强传统文化的时尚性、互动性、体验性，融入生命，走入生活，焕发生机，才能展现传统文化独特魅力，使传统文化活水滋养人们的心灵。

国学新知，经典传习。王余光先生说，经典是有典范性、权威性的著作，是具有影响力、时间性、广泛性的，是经过历史选择出来的"最有价值的书"。经典承继传统文化血脉，构筑民族精神图谱，哺育历史文明发展，是一个民族的文化象征和精神长相。书院的阅读推广是从四书五经为中心的儒家经典开始，拓展到古今中外经典。强调经典传承学习，不仅仅是为了获得知识，而是为了悠久的文化传承，寻找完善独立人格的途径。美国著名诗人惠特曼的诗《有一个孩子向前走去》写道：

> 一个孩子每天往前走去，
>
> 是看着草，
>
> 还是看着花，
>
> 那就是他后来的面貌，
>
> 后来的人生。

用中华优秀传统文化的经典思想浸润人们的成长，必将对其未来的成长与发展产生深远影响。现代书院经典公开课是非常好的切入点，经典讲座乃至读诵、吟诵、唱诵经典，举办经典故事会、课本剧演出，在读、写、讲、演中活化经典，深入人心。

礼乐教化，弦歌再起。中华礼仪之邦，社会公德和个人品德的缺失是当下亟须重视的问题。通过大众教育等传播手段，举行释奠礼、释菜礼、开笔礼、成人礼、射礼体验等礼乐教化活动，开设礼乐课程，礼教与乐教的结合，来影响人们的思想和文化，协调人们的价值取向，重礼仪、守礼法、行礼教、讲礼信、遵礼义，期待推动公民形成良好的言行举止和礼让宽容的社会风尚。

情操培养，寓教于乐。以创新思路，不断赋予传统文化新的时代性和现代表达形式。强化体验互动，激活传统文化体验——六艺、艺术体验以及非遗传承，培养高雅的艺术和生活趣味，陶冶情操。积极探索和揭示节日的现实思想，赋予时代核心精神和主题，逐渐形成新的节日习俗。对传统历法、节气、生肖和饮食、医药等的研究阐释、活态利用，使其有益的文化价值深度嵌入百姓生活，提高活动的趣味性和吸引力。

数字文化体验，探索新技术服务途径。互联网、大数据、人工智能、虚拟现实等新技术让书院阅读推广活动充满时尚感、体验性、吸引力。通过声光电、VR、3D打印等新技术，微信、短视频、网络课堂等新形式，将传统与现代对接，打造超越时间空间泛在数字服务形态，使群众在任何时间、任何地方都能够享受书院传统文化服务。

另外，积极开展社会教育，化育人才。开展会讲，加强研究阐释，继承书院传统，结合时代风尚，不断满足群众精神文化需求。

书院本身就是因书而设，因书而生的，其活动、服务本身是我们经典阅读的最好体现。阅读是一种快乐，其推广体系动员吸引更多人来参与，团结更多的力量共同推进。地不分东西南北，人不分男女老幼，学不分江湖庙堂，位不分高下官民，通过大家共同努力，现代书院定会有一个新天地。

阅读推广应该跨出阅读的边疆，在讲座中聆听《论语》，在戏曲中读懂孟母三迁的慈母之爱，在手工泥塑、非遗皮影体验艺术阅读的快乐，在礼仪射艺中读活《礼记》和风俗世事，在雅集诗画中读懂时尚的美丽，让我们在更为广阔的社会和生活中，体味阅读之美，感悟人生之美。

中国文化传统也不仅仅在书院里、在书斋中，也应该在街道上、房檐下、田间地头，在牧归的小路上、在同事的谦让中、在孩子们的天真笑声里、在家庭和谐中……因此，现代书院发展需要一批一批，一代一代有情怀、有识见、有担当的现代书院人，不计名利，不畏艰难地坚定信心，传承下去。

最后，感谢我的同事们，为了一个共同的目标，一个共同的心愿，沐风栉雨，默默耕耘，就用我们书院的一副对联与大家共勉：

泗洙万古流，探本溯源，道脉衍同文脉远。

人物应时起，希贤仰圣，尼山望并泰山高。

2020年4月

李西宁于明湖尼山书院

目　录

第一讲
中国古代书院的历史

古代书院是中国封建社会一种独特的教育组织，初兴于唐代，宋、明时期愈发繁盛，是介于官学与私人讲学之间的教育模式，书院是大儒聚徒讲授、研究学问的场所，是教育人才、荟萃精英之地，也是时代思潮和儒家文化的聚集传承之地。书院历史整体上具有兴衰交替、曲线上升趋势。

第一节　中国古代书院的起源与形成的主客观条件

一、书院的含义

古代书院具有悠久的历史，是我国封建社会特有的一种教育组织。学术界普遍认为古代书院正式发轫于唐而兴盛于宋、明，是介于官学与私人讲学之间的教育模式。书院通过传授道德文章、研究学问和论辩方式，造就了大批人才，并把中国优秀的文化精神传承下来，成为中国政教与文化思想之圣地。

中国书院集藏书、读书、校书、修书、著书、刻书于一身，具有讲学、祭祀、藏书等三大主要功能。古代书院主持人，初称"掌教"或"主讲"，后称"山长""院长"。

书院师生的主要活动也都是围绕着三大主要功能而展开。纵观历史，古代书院之建立、兴盛、衰败、恢复，官学与民间教育相互错综，共同作用，元、明、清时期书院官学化的倾向都非常突出。书院的教学方法比较灵活，大多采取启发式教育，学生多以自学诵背、集中讨论为主，教师则以集中讲解、单独辅导、讲会等形式教学。书院研究学习的内容，主要是儒家经学、史学，兼以课艺、文章以及经世之学，自古书院师生之间关系融洽，又不失相互砥砺之情。

纵观书院发展历史，历代在官学衰弱之时，书院教育就迅速发展起来，甚至有代替官学的趋势，在古代教育体系中发挥积极作用。1901 年 9 月 14 日，清政府正式下达书院改制上谕，称："除京师已设大学堂，应行切实整顿外，著各省所有书院，于省城均改设大学堂，各府及直隶州均改设中学堂，各州县均改设小学堂，并多设蒙养学堂。"[①]清光绪三十二年（1906 年），清廷明令"废除科举，广设学堂"，[②]书院至此消亡。

二、古代书院的起源

中国古代书院最早的萌芽，可追溯到汉代。汉代建立过"精舍""精庐"等场所，用于聚集生徒、私家讲学。此与唐代以后出现的书院存在着历史承继关系。正史之中多有关于"精舍""精庐"之记载，如《后汉书·党锢列传》："刘淑字仲承，河间乐成人也。祖父称，司隶校尉。淑少学明五经，遂隐居，立精舍讲授，诸生常数百人。"[③]《后汉书·包咸传》："（包咸）少为诸生，受业长安，师事博士右师细君，习《鲁诗》《论语》后住东海，立精舍讲授。"[④]《三国志·魏武帝纪》："筑精舍，欲秋夏读书，冬春射猎。"[⑤]《后汉书·儒林传论》："精庐暂建，赢粮动有千百。"[⑥]不过限于汉代书籍传播技术水平，"精舍""精庐"讲学方式皆是采取汉代经师口耳相传之法，尚不足以具备规范的教育、藏书、刻书等功能，不能算作真正的书院。

"书院"一词从传世文献角度来看发轫于唐代，清代著名学者袁枚认为："书院之名起唐玄宗时，丽正书院、集贤书院皆建于朝省，为修书之地，非士子肄业

---

① 朱寿鹏.光绪朝东华录［M］.北京：中华书局，1958：110.

② 萧一山.清代通史下卷［M］.北京：中华书局，1985：2352.

③（南宋）范晔.《后汉书》［M］.北京：中华书局 1985：877.

④（南宋）范晔.《后汉书》［M］.北京：中华书局 1985：2570.

⑤（晋）陈寿.《三国志》［M］.北京：中华书局 1982：33.

⑥（南宋）范晔.《后汉书》［M］.北京：中华书局 1985：2588.

之所也。"① 诚如袁枚所言，翻检史籍，"书院"名称，最早出现于唐朝贞观年间。当时唐玄宗敕造了丽正修书院，是政府办书院之开端。

《新唐书·百官志》和《唐六典》记载，开元五年（717年），唐朝玄宗命令组织学者于乾元殿校理经籍。次年，又将乾元殿改名为"丽正修书院"，亦称"丽正书院""丽正殿书院"：

开元五年，乾元殿写四部书，置乾元院使，有刊正官四人，以一人判事；押院中使一人，掌出入宣奏，领中官监守院门；知书官八人，分掌四库书。六年，乾元院更号丽正修书院，置使及检校官，改修书官为丽正殿直学士。②

开元十三年（725年），又将丽正修书院更名为集贤殿书院，设有学士知院事、学士、直学士、侍讲学士、修撰官、校理官、知书官、待制官、留院官、文学直、知检讨官等。负责收藏和整理编校典籍：

十二年（724年），东都明福门外亦置丽正书院。十三年，改丽正修书院为集贤殿书院，……玄宗尝选耆儒，日一人侍读，以质史籍疑义，至是，置集贤院侍讲学士、侍读直学士。③

唐代丽正修书院是早期设立的书院，但就其性质而论，它仅仅是官府搜集遗逸图书，校理经籍，撰写文章的场所，而非教育机构。④

传统的观点认为，唐代建于朝省的丽正、集贤书院是最早使用"书院"名称的机构。方志文献记载，丽正、集贤之前已有民间建立的书院存在，最明显的例证就是今湖南攸县的光石山书院。⑤ 地方志所载虽无确凿证据，但书院之名产

---

① （清）袁枚.随园随笔卷十四［M］.嘉庆十三年（1808）刻本：488.

② （宋）欧阳修.新唐书［M］.北京：中华书局，2003：1211.

③ （宋）欧阳修.新唐书［M］.北京：中华书局，2003：1213.

④ 有学者认为，唐朝书院根据主办者的不同，又可分为官办与私办两类。唐代最初设立的官办书院是丽正书院和集贤书院，私办书院有张九宗书院、义门书院等几十处。

⑤ （唐）苏师道.司空山记卷十五［M］.光绪湖南通志：1725.

生于唐代初年，可以略备一说。从现有文献资料来看，攸县光石山书院和陕西蓝田的瀛洲书院、山东临朐的李公书院、河北满城张说书院，要算中国历史上最早的民间书院。① 唐代诗人如贾岛《长江集》有《田将军书院》："满庭花木半新栽，石自平湖远岸来。笋进邻家还长竹，地经山雨几层苔。井当深夜泉微上，阁入高秋户尽开。行背曲江谁到此，琴书锁着未朝回"；许浑《丁卯集》有《疾后兴郡中群公燕李秀才》："强留佳客宴王孙，岩上余花落酒樽。书院欲开虫网户，讼庭犹掩雀罗门"；李群玉《诗集》有《书院二小松》："一双幽色出凡尘，数粒秋烟二尺鳞。从此静窗闻细韵，琴声长伴读书人"等，唐诗中的诗句，证明唐代多有称为"书院"的读书之处。

作为教育机构的书院，追本溯源应是唐代末期的白鹿洞书院。唐德宗贞元年间（785—805），李渤与其兄曾隐居庐山某洞读书，并养白鹿相随，因而以白鹿洞名之。至唐敬宗宝历年间（825—827），李渤任江州刺史，"则即今书院地创台榭以张其事，而白鹿洞遂盛闻于时矣。南唐升元中，于其地聚徒建学置田，而命国子监九经李善道为洞主，号曰庐山国学。"② 据此可见，白鹿洞虽然在当时没有称为书院，而冠以"国学"或"学馆"之号，它在名胜之地聚徒讲学来看，实开书院之先河。

民间书院出现不久，就将其服务范围从个人扩展至众人，负起向社会传播文化知识的责任，开始了传道授业的教学活动。书院是新生于唐代的中国士人的文化教育组织，它源自民间和官府，是书籍大量流通于社会之后，读书人围绕着书，开展藏书、校书、修书、著书、刻书、读书、教书等活动，进行文化积累、研究、创造、传播的必然结果。

三、书院兴起的历史原因

古代书院产生的历史原因，有以下几点：

（1）私学传统

古代自先秦就有私人讲学传统。秦汉以来私学都是作为官学的补充而发挥着

---

① 有人以四川遂宁张九宗书院建于贞观九年（635 年），为最早书院。但"贞观"实为"贞元"之误。其错始于雍正《四川通志》卷五、嘉庆《四川通志》卷七十九。详见邓洪波《唐代地方书院考》，载《教育评论》1990 年第 2 期.

② （明）李元阳.白鹿洞书院新志（白鹿洞书院古志五种）[M].北京：中华书局，1995：21.

作用，尤其是在社会动乱之时，官学无法维系，私人讲学之风更盛。这种私人讲学的传统对书院产生有直接影响。

（2）世乱失学

唐末以来天下战乱不止，官学不振，士子失学。尤其在五代，干戈不息，学校废荒。在这种情况下，一些封建文人学者，只好自发择地而学。正如南宋王应麟所云："前代庠序不修，士病无所予学，相与择胜地立精舍为群居讲习之所。"①这说明，书院的产生与社会动乱、官学衰废有直接关系。

（3）禅林影响

自汉末佛教传入中土，至魏晋时已大盛。佛教徒往往在名胜之地建立丛林，兴造寺庙精舍，聚集僧侣，传授佛经，修习禅道。这种公开讲经、注重修养的讲学制度，对书院形成影响很大。如宋儒者尽管排斥佛教，捍卫儒学，但在办学方式、讲学制度和祭祀先贤等方面，却客观接受禅林影响。

（4）官学僵化

官办学校以科举为目的，导致教育僵化，严重地阻碍学术思想发展。注重研究学术的学者，除批评学校教育内容空疏腐败外，还对科举本身弊病提出尖锐批评。使一些关心"治国平天下"的学者积极兴办书院，研究学问和自由讲学，培养学行兼优的致用人才，对科举形成客观补充。

（5）印刷术进步

唐代以降，经历五代至宋朝期间，随着纸张的普及与雕版印刷术的不断进步，书籍越来越多，书院方必须建造较大的空间来安置藏书，以及版刻图集，用以方便来书院求学的读书人，于是就逐渐产生了真正意义上的书院。元代欧阳玄《贞文书院记》中说："唐宋之世，或因朝廷赐名士之书，或以故家积书之多，学者就其书之所在而读之，因号为书院。及有司设官以治之，其制遂视学校。"②宋代活字版印刷发明是书院兴起的重要因素。书院之初纯属私学性质，宋王朝以后，政府常用"赐匾""赐书""赐学田"等手段掌握书院。

---

① （清）李元度纂.南岳志［M］.长沙：岳麓书社，2011：592.

② （元）欧阳玄.圭斋文集卷五［M］.四部丛刊景明成化本：116.

（6）名师讲学

南宋开始，著名学者朱熹、陆九渊、吕祖谦、张栻等，多在书院讲学，这为书院树立了威信，扩大了影响，促进了书院发达兴旺。如程大昌主讲休宁西山书院；汪莘主讲柳溪书院；魏了翁主讲鹤山书院，李善道主讲白鹿洞书院。南宋的书院差不多都由学者主持或讲学。

（7）经济因素

五代以降，古代各地知识阶层及乡绅为其自身利益，逐步要求发表主张、参与时政以影响统治集团，故积极构建书院平台，热心捐资兴办书院。这是宋、明两朝的某些书院成为统治集团反对派"基地"的历史原因。由此可以看出，书院的产生与古代社会的政治、经济、文化发展密不可分。

综上所述，古代书院由兴起、变化到具备讲学、藏书和祭祀这三大功能，经历了漫长曲折的历史阶段，最终成为中国文化教育历史上一颗璀璨的明珠。

第二节　古代教育模式与书院

一、古代教育模式概况

古代教育大致有三种模式：官学、私学、书院。

1. 官学

官学起源于夏代，兴于周代。先秦有太学（辟雍）、小学、乡学等官方教育机构，均为政府兴办，属于官办教育。官学曾在战国时代衰弱，汉代中央建太学，地方建郡国学，而太学隶属负责宗庙礼仪的太常寺。隋、唐二代，学校大盛，唐国子监已成为综合性教育部门。唐还实行了翰林院制度，这是全国最高学术机关和教育机关，专门培养储备高级人才，一直延续至清代。明代地方学校大盛，全国教官达四千八百员。清代府、州、县学校的学生称"生员"，成为特殊社会阶层。

2. 私学

古代私学大概有两种形式：一为私人讲学，起于东周，孔、墨、法等诸家开创了载书游学之风。汉代私学与官学并茂，经师设帐之处，生徒云集。如汉代郑玄入学马融门下，三年未见其面。此风延续到南北朝。隋唐科举兴起之后，官学学历成为科举资格，私学渐衰。二是蒙学。唐以后私学主要以蒙学形式发展，到宋代已有村学、家塾、私塾三种。先学《千字文》《百家姓》等，读书识字，后学《四书》《五经》及史传、文辞等科举文字。8岁入学，一般成年应举。明清时代，学馆分两种：初级为蒙馆，成年童生任教，农家子弟入学，须交学费，主要是识字，一至三年；高级学馆主要是请师在家开馆，由发蒙到作文应试，需十至十五年。

3. 书院

书院则是介于官学和私学之间的一种教育形式。历史演变过程中，书院也有私立、官化之演变，历代书院功能也存在讲学、祭祀、刻书、举业等不同侧重，形成了书院本身与官学、私学有本质区别的教育模式。

二、书院与官学

作为一种平行于官学而有异于原官学系统的文化教育机构，书院与官学关系颇为复杂。唐宋之际，官学教育衰退，为书院兴起及书院制度确立提供了土壤与空间。在书院发展壮大的过程中，往往与官学互为消长。历代统治者对书院的支持也主要是基于这样的考虑，当政府资源有限、无力大规模兴办教育，不能满足人才培养需求，就转向支持书院。

书院与各级官学既有互补的关系，又有异趣相峙的抗衡关系。一般说来其呈现的规律是：官学不兴时，书院勃兴，弥补了官学数量不足，特别是朝廷无暇顾及兴学设教，无力兴办官学，书院成为满足士子读书要求，保持社会安定的重要手段。然而，一旦朝廷有可能集中精力发展官学，书院便被冷落，被官学控制，这就是历史上书院存在过的"书院官学化"现象。在千余年书院发展历程中，多次出现官学盛而书院衰、书院兴而官学败的交替互补的势态。由于官学更多地受到科举考试制度的支配和控制，务虚文、逐名利，造成官学弊端丛生，教学全无"德行道艺之实"，书院往往起而纠官学之偏、革官学之弊。官学与书院呈现出异趣相峙、并列抗衡的局面。

　　书院教育趋向容易与当时封建统治者现行政策和直接利益发生矛盾，所以历史上禁毁书院的事件也不时发生，最著名的是明末发生在东林书院的"东林党案"，因此而波及全国的书院。正因为如此，元代和清代，朝廷都曾对书院加强控制，将书院官学化或科举化，出现了许多由中央或地方政府设立的书院。但这种书院实际已成为官学之一类，形式上或与宋、明书院相似，却丧失了原来自由讲学、钻研学问的精神，甚至成为科举考试的预备教育。因此，真正能反映书院教育精神的还是旨在传承儒家文明，非官学性质的书院。从总体上看，官学的课程和教学比较冗繁呆板，过于程式化，而书院的课程和教学比较简约灵活，师生有较多的主动性和自由度。

　　书院为了避免私学教育所具有的自发性弊端，吸取了官学有计划、有组织的教育管理方法。特别在生员定额、课程设置、学生考核方面，与官学颇有相似之处。例如：实行严格的计划招生，即生员有定额。历代官学对人员数都有规定，不可随意更动。唐代规定，国子学，生三百人；太学，生五百人；四门学，生三百人；律学，生五十人；其他二馆即弘文馆，生三十人，崇文馆，生二十人（《新唐书·选举志上乙》）。[①]书院吸取了官学的招生办法，如著名的岳麓书院，宋代乾道元年（1165年）定额二十人，淳熙十五年（1188年）又增额十人，绍兴五年（1194年）置额外生十人，直至清代仍然如此。清乾隆二十八年（1763年），正副课生员七十五人，乾隆五十年（1785年）增员一百零三人，嘉庆七年（1802年）扩至一百三十八人。书院实行生员定额，是一种普遍的情形，与官学所不同的是，书院还有不属定额之限的旁听生一类的短讲生，人数甚多，如岳麓书院曾达千人之众，即所谓"岳麓一千徒"，但这类学生是临时性的，不在计划之内。作为享受膏火待遇的学生则有严格的定额，不得任意突破。

三、书院与私学

　　私学最早诞生于春秋时代，相传为孔子创办。私学有着悠久的历史，对我国的文化教育做出过重要的贡献，但因为它属于民间，历来不受朝廷重视，相反，屡遭压制。私学在古代社会的发展极其艰难，处在一种自生自灭和自发的状态。

---

① （宋）欧阳修.《新唐书》[M].北京：中华书局：1160.

书院教育组织出现比较晚，在宋代才正式成为一种独立的特殊的教育制度，但它自产生之日起，便与官学特别是私学有着密切的联系。由于书院起自民间，也受到官学的排挤，其所处地位与私学颇为相似，二者之间存在着许多共同点，因此，私学长期积累的一些办学经验，特别容易被书院所吸取。书院与私学有四个方面共同点：其一，它同私学一样，是由民间集资创办的，历史上多不属官办之列，具有很强的独立自主性；其二，同私学一样，书院是向下层社会开放，面向乡间的；其三，同私学一样，书院是以平民子弟为培养和教育对象，与官学以官家子弟为培养对象有严格的区别；其四，与私学一样，书院主要是一种素质教育，不仅仅以科举仕进为办学目的，在这些根本性的问题上，书院与私学有着不可分离的内在联系，而与官学有着本质的区别。从一定意义上说，书院是从私学脱胎而来的。但是是否可以说书院就是私学呢？事实并非如此，书院不是一般的私学，如同与官学有质的区别一样，它与私学也存在着质的差异。它不是对私学经验的直接搬用，而是对私学进行了吸收与变革，是一种独立于官学和私学两大教育系统之外的另一种新的教育系统。

书院与私学区别很多。首先书院虽然源自民间，但具有教育经费作保障，逐步建立类似于官学的以学田为中心的教育经费体系。书院学田来自多种渠道：其一是由民间学人、乡邑名流捐献。在书院创办之初，就包括了学田的投入。其二是政府的拨赐。书院经费开支巨大，要进行正常的教育活动，每项开支都是必不可少的。如果没有足够的经济力量，教学计划就无法实施。建立可靠的教育经济体制，乃是书院生存和发展所必须具备的重要前提。这对一般私学而言，是不可能具备的，这是书院与私学之间的一个最重要区别。

其次，书院与私学的另一个重要区别是书院有自己的管理体系。如果以此与官学相比照，不难看出，它显然吸收了官学管理经验，或者说是对官学综合改造的结果。根据《岳麓书院志》等资料的记载，书院有以书院最高负责人山长为首的一批教职管理人员。书院的行政人员管理系统，虽然在以后的朝代中有所调整和变化，各个书院也因其规模大小而不尽相同，但都有较为严格的行政管理系统则是共同的。这与一般的私学是有显著区别的。

再次，书院与私学还有一个最大的区别之处，即书院制定了一系列独有的颇具特色的教条、学规、学训等，把得之于管理实践的一系列管理经验上升到了一定的理论高度。可以这样说，学规或教条全面体现了书院教育管理的内容，是书院走上制度化的重要标志。书院最有名的教条是《白鹿洞书院揭示》，又称"朱子教条"、《白鹿洞书院教规》，亦称《白鹿洞书院学规》。这是淳熙六年（1179 年）朱熹知南康军时颁布于白鹿洞书院以示学者的，包括四个部分内容，一是五教之目，"父子有亲，君臣有义，夫妇有别，长幼有序，朋友有信"；二是为学之序，即做学问的方法，"博学之，审问之，慎思之，明辨之，笃行之"；三是修身之要，即指道德上的要求，"言忠信，行笃敬，惩忿窒欲，迁善改过"；四是处事接物之要，"正其义，不谋其利，明其道，不计其功"，以及"己所不欲，勿施于人，行有不得，反求诸己"焉。

综上所述，书院与官学、私学都有着紧密的联系，它是一种具有相对独立性的教育制度——既接近于私学传统但又不是一般的私学，既与官学有质的区别，但又吸取了官学中的许多积极成分，与官学有一定联系。书院自身特点，贯彻在它教育的各个方面，也贯彻在整个书院发展历史过程中。

第三节　历代书院的兴衰

一、宋代书院兴衰

五代以降至宋朝建立之前，中国才出现以教育为基本职能的书院。五代时期（907—960），连年兵燹与动荡破坏学校教育，一些信奉儒家教化理论的有识之士建立起书院，以弥补学校数量的不足。这时书院很少，都以培养学生参加科举为基本目标，同官学并无太大区别。

北宋时期，历九帝，共 167 年（960—1126），北宋书院总数在 73 所以上，略微超过唐五代十国共计近 350 年所有书院的总和，而实际存在的书院当在百所左右。南宋时期，历八帝共 153 年（1127—1279），南宋书院总数为 442 所，是北宋的 6 倍。唐、五代、北宋共 500 余年间所有书院的总和（143 所），也只有南宋书院总数的 1/3，可知宋代书院发展大势。

一般认为北宋太祖朝（960—976）至仁宗朝（1022—1063）前期是宋代书院教育萌芽时期，实际上是五代书院发展延续。这时中央和州县各级官办学校非常萧条，书院数量也很少，全国大致先后出现过 10 所。[①] 这些书院的情况兴废不常。

1. 官办书院

官办书院。宋太祖开宝九年（976 年），知潭州朱洞和通判孙逢吉在五代僧人初建基础之上扩建兴办岳麓书院。二人离开后书院停废。20 年后，李允则知潭州，在咸平二年（999 年）重建书院。咸平四年（1001 年）三月，朝廷批准李允则要求，赐予岳麓书院儒家经典，以及《史记》《玉篇》《唐韵》等书籍。书院利用这些经书、史书和韵书，说明当时主要教学内容为经学、策论和诗赋，教学目的是培养学生参加科举考试。这时全国学校教育十分萧条，因而岳麓书院显得很突出。作为支持文教的一种姿态，真宗在大中祥符八年（1015 年）召见了书院山长周式，授予其国子监主簿官衔以示表彰。

2. 私立书院

这时私立书院有两类。一是由士子私人兴建，由创办者亲自执教。经济条件往往不佳，故规模不大。如真宗时期（997—1022），侯遗在江苏三茅山开办茅山书院，侯氏设法为学生筹措膳食。天圣二年（1025 年），朝廷批准地方官的请求，赐予茅山书院庄田数顷，以解决学生的食粮问题。二是名门望族建立书院。如南康洪氏是一个本地望族。他们修建雷塔书院，购置了大量的图书，并为学生提供丰裕的伙食与藏书，"竹简韦编，将敌秘书之富"，"厨廪益丰，弦诵不辍"。据说一次科举，这所书院的学生及第的超过 10 人。

史籍记载，在北宋前期的 80 多年，书院还是新出现的教育机构，朝廷还没有加以控制。官办书院和私立书院旗鼓相当，官办书院教师的名称和地位都不一致，所有书院都根据科举的需要设置课程，在教学上并没有明显的特色。

北宋仁宗朝（1022—1063）中期至南宋初的高宗朝（1127—1163）是宋代书院教育的发展低沉时期。北宋熙宁时期（1068—1085），宋神宗支持王安石改革，决定发展和控制太学、州学，只有州县学和太学的学生才能参加科举。此措

[①] 邓洪波.中国书院史［M］.武汉：武汉大学出版社，2013：66.

施阻断了书院学生成才之路，是对书院极其沉重的打击。

南宋孝宗朝（1162—1189）和光宗朝（1189—1194）是宋代书院复兴时期。此阶段政策比较宽松，南宋442所书院中，有317所是可以确定其创建或兴复于南宋的，另有125所则分不清是南宋还是北宋所建，但在南宋时期皆有活动。后世著名的"四大书院"之说，也开始于南宋。①南宋是书院发展史上最重要的一个历史时期，它的最大特点是，在学术大师的指导下，书院作为一种文化教育制度得以完全确立。理学家朱熹、张载、吕祖谦、陆九渊都活跃在这一时期。绍熙五年（1194年），朱熹知潭州，到岳麓书院视察，对教学提出改进意见，又选弟子黎贵臣到岳麓书院教学，扩大理学的影响。朱熹曾在淳熙六年（1179年）至八年（1181年）重建白鹿书院，并亲自担任洞主，在教学上倾注很多心血，制定著名《白鹿洞书院揭示》，规定书院教育方针和学生行为准则，亲自为书院聘选教职人员。理学家建设的书院，其特征之一是书院与理学的一体化。南宋的学术大师们，肩负着发展学术的时代使命，承唐代书院整理典籍，辨彰学术之绪，以书院为基地，各自集合大批学者，努力经营自己的学派，总合古今学说，集成学术成就，再造民族精神，将学术与书院的发展推向一个前所未有的繁荣时期，并由此开创出一个书院与学术一体化的传统。书院从此作为一种组织，成为推动中国学术事业发展的重要力量，学术的演进与流变成为书院的内部事务。二是书院教育制度得以完全确立。书院制度是一种文化教育制度，它是儒、道、释三家文化融合的结果，又为这种新文化的发展服务，其教书、育人功能为这种"服务"所派生，属于传播文化的功能之一。它不仅吸取了官学与私学的经验教训，而且采纳了佛教尤其是禅宗丛林、精舍，以及道家宫观传法讲学的经验。正因为这样，它在目的、功用、手法上形成了博取各家长处而义与之相区别的特色，书院制度的形成，标志着我国教育事业进入官学、书院、私学三足鼎立时代。②

南宋嘉定（1208—1224）至宋末，是宋代书院教育的鼎盛时期。开禧三年（1207年）金朝大军入侵，理学开始得到朝廷肯定。理学家和信奉理学的官员便积极进行书院建设，全国书院的数量和规模明显扩大。理宗朝（1224—1264）以

---

① 邓洪波.湖南书院史稿［M］.长沙：湖南教育出版社，2013：46.
② 邓洪波.中国书院史［M］.武汉：武汉大学出版社，2013：118.

后，理学被定为唯一的正统学说，受到统治者极力推崇。书院教育也成为朱熹等理学大师的遗产，被官府继承。理宗大力支持书院建设，亲自为许多书院题写了院名。发展书院教育成了地方官博取名誉地位的重要手段。官办书院很快就遍及全国。每个州一般都有一所官办书院，有的州建立了两三所。不少县也办起了书院。很多官员和学者还办了私立书院。随着理学定于一尊，书院与官学在教育上逐步趋同，致使南宋书院官办趋向成为主流。

二、元代书院兴衰

有元一代，历凡八帝，共 98 年（1271—1368）。元代书院总数为 406 所，比南宋略少，而考虑到元代享国时间要比南宋少 50 余年，其年平均书院数为 4.142 所，远高于南宋（2.888 所）。从总体上来讲，元代承南宋蓬勃之势，仍然处在整个书院史上的上升发展阶段。[①]

金、西夏、辽时代，民间极少建设书院，蒙元统治者承袭宋代的传统，对书院采取利用和控制的方针，积极地加以提倡、扶持并给予奖励，使之朝官学化的方向演变，从而使元代书院较之宋代又有了进一步的发展。元代书院早于学校的建立，第一所书院创建于元太宗八年（1236 年），名太极书院。

元统一后，南宋学者们不愿到元朝为官，就自建书院，招门徒以讲学。这些私办书院，几遍天下，但官方采取了利用和严加控制的政策，私办书院获得与政府兴办的州学、县学同等地位。例如，安徽歙县的汪维岳，入元不仕，自比陶渊明，建友陶书院，在此读书讲学；江西务元的胡一桂，隐居于婺源湖山书院授徒讲学；安徽休宁的汪一龙，宋亡不仕，自元世祖至元年间起即在婺源的紫阳学院讲授程朱理学。面对这种情况，元朝统治者吸取辽、金两朝的统治经验，采用了较为开明的文教政策，因势利导，对各地书院的建立和恢复加以鼓励和提倡，并将书院与地方上路、府、州、县的官学同等看待，归官府统一管理。这就为汉族士大夫及其子弟开辟了一条出路，化消极因素为积极因素，不仅缓和了汉族知识分子的反抗情绪，而且为他们提供了研究学术和讲学、求学的场所，并利用他们的文化知识，为发展元代的文化教育事业服务。元朝政府还在圣贤经行处设立书院，书院的类型也有祭祀型和教学型之分，

---

① 邓洪波.中国书院史［M］.武汉：武汉大学出版社，2013：201.

如曲阜尼山书院就是典型的祭祀型书院，此举也获得汉族知识分子认同。元朝政府的举措，使得书院这种有别于官学的民间教育机构，更加兴盛起来。据《日下旧闻》称："书院之设，莫盛于元，设山长以主之，给廪饩以养之，几遍天下"。[1]由此可见元代各地书院发展很快，到元末顺帝时更是遍地开花，建书院近300所。[2]这些书院的设置有效地缓和了汉族知识分子对蒙元政权的对立反抗情绪，争取和团结了一大批汉族知识分子，起到了变消极因素为积极因素的作用。这正是元代统治者实行比较缓和的文教政策的成功之处。

元代书院随着数量的增多，由朝廷任命山长和教员，无法保证质量，渐渐出现了"滥竽充数"的现象。这和南宋时书院山长和教员大都由名师巨儒充任是难以相比的。元成宗时，集贤修撰官虞集曾痛言师资猥杂的情况："师道立则善人多，今天下教官，猥以资格注授，强加之诸生之上，而名之曰师。有司生徒，皆莫之信，如此而望师道之立可乎？"[3]他积极建议："为今之计，莫若使守令自求经明行修成德者，身师尊之，以求其德化之及，庶乎有所观感也，其次，则求夫操履近正，确守经义师说，为众所服者；又其次，则取乡贡至京师罢归者，其议论文艺犹足以动人，非若泛泛莫知根抵者矣。"[4]

根据虞集的建议，元仁宗于延祐二年（1315年）四月，"赐会试下第举人，七十以上七品流官致仕，六十以上府、州教授，余并授山长、学正"（《仁宗本纪》）[5]。元顺帝至正三年（1343年）三月，又采纳监察御史成遵等言："可用终场下第举人充学正、山长。国学生会试不中者，与终场举人同。"[6]这样一来，山长、学正的数量增加了，而素质却大大降低了，混进了一些不学无术之人，从而使书院的教学质量和教学水平受到了严重的影响。

① （清）于敏中.日下旧闻考卷四［M］.北京：北京古籍出版社，1983：83.
② 邓爱民，桂橙林.长江文明之旅 长江流域的文庙书院［M］.武汉：长江出版社，2015：116.
③ （明）陈邦瞻.元史纪事本末［M］.北京：中华书局.1979：59.
④ （明）陈邦瞻.元史纪事本末［M］.北京：中华书局，1979：60.
⑤ （明）宋濂，等.元史［M］.北京：中华书局，1976：569.
⑥ （明）宋濂，等.元史［M］.北京：中华书局，1976：867.

三、明代书院兴衰

明代历十六帝，共 277 年（1368—1644），书院总数 1962 所，前此唐、五代、宋、辽、金、元所有书院的总和，也不及其数的一半，这标志着书院在经过 750 余年的发展之后，到明代出现了繁荣昌盛的局面。[①]

明代书院经历了由衰而兴再衰的过程。太祖朱元璋在明初为了收揽人心，表示对学术的重视，争取士子对新建政权的认同，曾下令修复山东洙泗书院与曲阜尼山书院。可是，明初发展教育的基本国策是提倡官学，首先是推动各级官办学校的建设与发展。洪武元年（1368 年），明政府即于南京建国子监，规模之广，东汉以降，未能或先。其后，各地府、州、县各级政府按照中央命令皆立学校，延师儒，授生徒，讲论圣道。仅仅经过 15 年，已是"无地而不设之学，无人而不纳之教。庠声序音，重规叠矩，无间于下邑荒徼，山陬海涯。"明代官学之盛为唐、宋、元所不及。

明初期，中央政府提倡官学，遂使书院发展放缓，这种状况直到明中叶才得到改观。明初不仅书院数量骤减，而且由于文字狱的盛行，书院的文化活动受到严重抑制。在文字狱打击和科举与官学挤兑之中，书院是不可能得到充分发展。明代书院受抑现象至英宗正统年间（1436—1449）得到了扭转，尤其是宪宗成化、孝宗弘治年间，书院发展显著。到正德（1506—1521）、嘉靖（1522—1566）时，明代书院进入鼎盛阶段。正统、景泰、天顺、成化、弘治王朝 69 年间，修复、重建前代书院 86 所，新建书院 154 所，总计 240 所[②]。与明初王朝相比，时间基本相等，可书院却是那时的 3 倍多。

明中叶书院形势盛况空前。原因之一是科举之弊孔炽，国学之制渐隳。明代的学校教育，从教材到管理，都是围绕科举。洪武年间实行八股取士，危害性正如顾炎武所说："八股之害等于焚书,而败坏人材有甚于咸阳之郊所坑者。"[③]受官场风气所染，真学问传授不在官学而在书院。原因之二是学者的提倡。贡献颇大者，首推湛若水和王阳明。湛若水生平喜收门徒，立书院，《明史》记

---

① 邓洪波.中国书院史［M］.武汉：武汉大学出版社，2013：275.

② 邓洪波.中国书院史［M］.武汉：武汉大学出版社，2013：281.

③（清）顾炎武.日知录［M］.上海：上海古籍出版社，1989：1260.

其生平所至，必建书院。湛若水一生所建书院颇多。王阳明从正德三年（1508年）贬谪至龙场，开始讲学书院，所建书院有镰溪书院、稽山书院、敷文书院等。王阳明死后，其弟子建书院以纪念，如嘉义书院、复古书院、混元书院、虎溪书院、云兴书院、明经书院、志学书院，水西书院、复初书院、崇正书院等均与阳明弟子有关。

嘉靖中期到明末，明代书院四遭劫难。嘉靖十六年（1537年），御史游居敬论王守仁、湛若水"伪学私创"，导致明世宗首次毁书院。首次毁废书院仅限于湛若水所创书院。第二次是嘉靖十六年（1538年）五月，吏部尚书许赞对上年毁书院仅限于湛若水所建书院而深感不满，上疏要求扩大范围。第三次是明神宗万历七年（1579年）张居正当政，王阳明"心学"与程朱理学作为官方哲学，并驾齐驱，争执激烈，已使改革受到干扰。张居正决定毁废书院。第四次书发生在天启（1621—1627）魏忠贤擅权时，当时士大夫不满阉党为祸，于书院内讲学兼论国事，即所谓"讽议朝政，裁量公卿"，其中以顾宪成的东林书院、邹元标的首善书院尤为有名。不满魏忠贤专擅的官员遥相应和，书院成为反对阉党斗争的大本营。天启五年（1625年），魏忠贤矫旨拆毁天下书院，各地书院多数被毁，直到崇祯继位，书院始得稍稍恢复，不久明亡国。

四、清代书院兴衰

清代共历十帝，共268年（1644—1911），有书院5836所，其数是唐、五代、辽、宋、金、元、明各朝书院总和的1.96倍。[①]其时，十八行省的通都大邑无不皆设书院，即便是山村水寨，也可寻觅到书院的踪影。这说明经过千年发展之后，到清代，书院已成遍布天下的普及之势。有清一代书院发展，学者认为分四个阶段，第一阶段是顺治至康熙时期，为书院恢复发展期；第二阶段是雍正、乾隆时期，为书院全面大发展期。第三阶段是嘉庆、道光、咸丰时期，是相对低落期。第四阶段是同治、光绪时期，为发展改制式期。[②]

清代初期，清政府对书院采取恢复发展的政策。清朝是继元代以后，中国历

① 邓洪波.中国书院史［M］.武汉：武汉大学出版社，2013：450.
② 邓洪波、兰军.中华文化元素丛书—书院［M］.长春：长春出版社，2016：163.

史上第二个由少数民族建立的大一统中央政权。满族统治者挥师入关，得天下于马上，意气风发，开拓出比明代更为辽阔的版图。但是，在经济文化发达的中原、江南大地上，他们也遭遇到长达二十余年顽强的抵抗。另一方面，很多汉族读书人面对异族新政权，采取不入仕、不合作的态度。清政权建立之初，唯恐明末民族主义思想及自由讲学、清议朝政、裁量人物之风复活，更怕书院聚众成势，举旗反抗，因而百般抑制。然而书院制度具有深刻的社会影响，禁止书院有违政府"推广圣教"的旨意。因此，顺治十四年（1657 年），袁廓宇请求修复著名的衡阳石鼓书院时，朝廷准其所请。由此禁抑的政策，稍许松动，各地书院渐次有些恢复。顺治年间，恢复旧有书院 64 所，新建书院也有 61 所，全国合计已有书院 125 所。康熙戡乱后，对书院政策更加宽松，采取适当放宽的书院政策，但同时又不解除禁令，意在笼络人心而又防止书院走向明末清议朝政之路，从源头上阻断明遗民利用书院反清的一切可能，将书院疏引导入其所设计的发展轨道。康熙通过向书院赐书、赐匾，使这一时期书院开始勃兴，共新建书院 660 所，兴复277 所，合计 973 所。[①]

　　清雍正朝开始，政府积极兴办书院。雍正十一年（1733 年），皇帝上谕各总督、巡抚于其驻节之地建立省会书院，这是清代正式建立省级书院的标志。总督、巡抚奉诏在各省会相继建立了置于其直接控制之下的 23 所省级书院。省会书院的创建，使十八行省都有了各自的最高学府，这为官办书院教育体系的最终确立奠定了基础，是清代对书院发展所作的创造性贡献。各省城书院正式确认之时，就获得了皇帝恩赐的帑金。如果收入不够开支，则准许公项拨补，造册报销，使得省城书院与官府银库联系在一起，从而获得了充分的经济保障。乾隆元年（1736 年）又将书院定性为"古侯国之学"，以求"导进人材"，而"广学校所不及"，是要在官学正途之外，以书院为另一途径而培养人才。乾隆皇帝屡下谕旨，规范书院管理，聘请院长，选择生徒，皆有标准。书院逐渐成为官学外另一国家养士的主要场所。很多官员为了避免书院重蹈官学成为科举附庸的覆辙，努力发展书院，使书院呈现主导教育的趋势。乾隆在位 60 年间共建设书院 1396 所。

　　嘉庆（1796—1820）、道光（1821—1850）、咸丰（1851—1861）三朝，内忧

---

① 邓洪波.中国书院史［M］.武汉：武汉大学出版社，2013：480.

外患，国力衰微，连年兵燹，书院发展也出现颓势，速度放缓。但受前期大发展的惯性推动，书院仍有较大规模的发展，共建复书院 1116 所，其数超过康熙王朝（973 所），仅次于书院最多的乾隆年间（1396 所）。这表明书院尽管气势渐弱，但仍在以相当快的速度向前发展。这就是清代中期书院的大致生存状态。

同治（1862—1874）、光绪（1875—1908）时期，清代书院经历了发展、鼎盛和式微。同治年间，以曾国藩、曾国荃、左宗棠等大臣，平定了国内战乱，社会恢复稳定，清政府迎来"同治中兴"，久乱初平，国家"中兴"，书院在社会的巨大期望中也得到超乎寻常的大发展。随之洋务运动、西学东渐接踵而来，书院作为教育重镇，进一步得到了推动，书院建设数量超过前代。同治年间创建书院440 所，恢复旧书院 28 所，合计 468 所，总数居清代第五。光绪朝，书院继续保持高速发展的态势，新建书院 793 所，修复旧书院 27 所，合计 820 所，总数仅次于乾隆、康熙而位居第三。[①]

光绪二十七年（1901 年），清政府诏令改全国书院为大、中、小三级学堂，犹如一把利刃，活活斩杀了大发展中的书院，人为地制造了中国制度史上罕见的落幕于辉煌的悲剧。存在了一千多年的古代书院戛然而止，书院教育在最辉煌和高速的发展时期，忽然落下帷幕。光绪三十一年（1905 年），清重臣张之洞与袁世凯一同奏废科举，彻底终结了中国存在千年的古代教育体制。

书院改学堂之举，虽然中断了古代书院的发展，却接通了中国古代教育与近代教育的血脉，书院教育模式与书院精神作为传统优秀文化精华，却一直延续和保持到今日。

---

① 邓洪波.中国书院史［M］.武汉：武汉大学出版社，2013：493.

第二讲

古代书院的建筑空间

古代书院具有三大功能和文化意蕴，在建筑布局、环境营造上得到了充分体现。书院内以文庙、讲堂、藏书楼、祭祠为重要建筑物，古代书院的主要功能在于教育，因此书院建制的各空间都可以作为它的教育空间来发挥作用。

第一节　书院基本建筑与空间布局

一、书院的基本建筑

古代书院所具备的教学、藏书、祭祀三大功能和文化意蕴，在建筑布局、环境营造上得到了充分体现，因此，书院内以文庙、讲堂、藏书楼、祭祠为重要建筑物，而作为"游息之所"的园林则视用地规模和建筑规模灵活处理，弹性较大。书院园林的构成有门、堂、楼阁、亭、廊、池沼、山石、垣墙、匾额楹联、花草树木等。

1. 文庙和祭祀性建筑

文庙、祭祀建筑，都是书院进行祭祀和德育的场所。除祭祀先圣先贤外，书院还祭祀本师和书院创建修建者。为了崇祀先圣先贤，书院建有用以祭祀的祠或亭阁。如岳麓书院于宋咸平间即建有礼殿，后来增设诸贤祠、崇道祠、六君子堂、道乡祠等。此制一直沿袭至清。如清康熙年间，嵩阳书院建有先圣殿（祀孔子及其弟子）、先贤殿（祀程朱）、诸贤祠（祀宋司马光等）、崇儒祠（祀清康熙年间重建书院有功的官员王曰藻、叶封等）。书院把祭祀作为对学生进行思想品德教育的一种教育手段和形式，以先圣、先贤、本师道德楷模来陶冶学生品德。书院一般按照儒家"左庙右学"的礼仪，将祭祀场所建在书院中轴线西侧。按照古代的统一惯例，用红墙黄瓦，以显示其地位的重要。

2. 讲堂

讲堂是教学场所，一般建在中心位置，以突出其核心地位。多为三至五间的建筑规模。堂前一般有较宽敞的庭院，既显示其主体地位，也可以扩大利用空间。小书院前院兼作祭祀之用，大书院则另设有不同类型小讲堂，以适应多种教学活动的需要。讲堂里面有大量的匾额、对联等，更突出其文化氛围。书院的讲堂一般是一面全敞开式的堂屋，这在一定程度上体现了书院的开放精神，不同于皇宫寺庙中的殿堂和家族祠堂及民居堂那种封闭式建筑。这种建筑形式在使用功能上既便于讲学和讲会方式的自由灵活，又便于在听众过多、堂内不能容纳的情况下，自然地向外延伸。堂内没有烦琐的雕饰，也没有鲜艳的色彩，完全铺陈出一种庄严的学术气氛，告诫人们教育和学术的严肃性。不少书院设有"明伦堂"，明伦堂是古代学宫的讲堂，《孟子·滕文公上》："夏曰校、殷曰序，周曰庠，学则三代共之，皆所以明人伦也。"[1]旧时为彰明纲常伦理，孔庙、官学建明伦堂，书院因自身性质亦多建者，揭示了书院的教育目的。

3. 藏书的书楼（或称阁、堂、馆）

作为书院的重要组成部分，一般为三至五间规模、高二至三层的楼阁，为了显示其重要性，同时为了避水火，多建在书院中轴线的最后地势最高处，另外布置院落，成为比较幽静的地方。藏书楼一般是带有地方色彩的楼阁式建筑，较小的书院只是单层的书厢，但是在南方大多是楼阁式的，可以防止潮湿。一些著名书院的藏书楼被称为"御书楼"，因为这些书院在历史上有过较大的影响，受到朝廷的重视，皇帝亲书匾额，赐以经籍。凡是遇到这种情况，藏书楼的建筑规格便会大大提高。御书楼一般带有官式建筑的特点，高大宏伟，装饰也比普通的藏

---

① （战国）孟轲.孟子·滕文公上［M］.四部丛刊影宋刻本：161.

书楼华丽，大都会成为整个书院最为壮观的建筑。

4. 教师住宿兼办公之所

一般叫山长位、堂长位、堂录位、讲书位、职事位，分散在春风堂、主敬堂左右前后。

5. 生徒斋舍

生徒斋舍，一般设在讲堂周围，并命名为尚志、明善、敏行、成德、省身、养心等斋名，体现儒家思想教化主题，一般规制斋各三间。

6. 工作人员值班及住宿之所

工作人员值班及住宿之所，称为直房、吏舍、幕次。米廒、钱库、蔬园、公厨等属于书院管理层面的后勤处所。有些书院还有后土祠等，祭祀后土——大地之母——地母的处所。

总之，根据资料记载各地书院具体建筑，除上述主要建筑外，也会因时代与书院位置、布局不同而存在差异。

二、书院空间布局

空间布局上，书院建筑一般以讲堂为中心，中轴对称，布局非常严整。中轴一般坐落大门、讲堂、祭殿、书楼，体现了书院讲学、藏书、祭祀的主体地位。在中轴线布局的同时，书院建筑也吸取了各种类型的建筑形式，极富民间特色，所以它的平面类型也是丰富多彩的。参照中国古典建筑以院落特征为标准的分类方式，书院建筑在平面类型上可分为以下六种形式。

1. 墙院式组合

是一种规模较大的书院常用的组合形式，即用墙将书院各部分建筑按功能分区，按空间组织的需要进行划分，形成相对独立、大小不等的院落。如图 2–1 所示。院落之间以门、过厅、漏窗等加以连接，形成空间的交流渗透。这种平面组织形式对空间的界定十分清晰，容易使各个院落形成自己独立使用、独立庭院的特征，从而活跃整个书院内部的空间环境。

图 2-1　院墙式组合书院——应天书院

2. 廊院式组合

在中轴线上布置主要建筑物及其对面的次要建筑物，再在院子左右两侧用回廊将前后建筑连接起来，因而称为"廊院"。如图 2-2 所示。用廊连接整个建筑群的方法在教育建筑中由来已久，据记载，汉代的太学就是由廊贯穿起来的"廊院"。人在其中活动可以"雨不湿足，日不曝首"。廊院式书院可谓继承了这一传统。

图 2-2　廊院式组合格局的书院——岳麓书院

3. 天井式

南方地区的书院及中小型书院常采用的平面组合方式，具有强烈的地方特色。见图 2-3。南方气候潮湿炎热，南方居民普遍采用天井式来解决采光、通风、排除潮气等问题。书院建筑借鉴了这种方式，在解决上述问题的同时，还获得了小巧灵活、变化丰富、尺度怡人的建筑空间环境。此外，书院建筑的整体性比廊院式更进一步。而且，庭院由小天井取代，光的变化在空间氛围的塑造中变得尤为重要。建筑与天井交织、穿插，空间流动转换，加上光影的明暗起伏，书院的空间环境显得更加含蓄幽深，静谧亲切。天井式书院在南方较为多见，如溆浦的崇实书院、庐陵的石扬书院等。

图 2-3　天井式书院————南湖书院

4. 合院式

其特点是由若干栋单体建筑和墙廊围合成二合院、三合院、四合院，每一院落为"一进"，若干"进"沿纵深轴线串联，称为"一落"或"一路"。合院式布局是中国木构体系发展后期最主要、最典型的布局形式，明清时期已经普遍用于宫殿、官署、祠庙、住宅等建筑中。见图 2-4。书院建筑的合院式组合，通常是在主轴线上布置讲堂、祭祠、藏书楼，以斋舍分列左右或后部，围合院落，斋舍或直接对院落开门，或另成院落。合院式组合可分为两进、三进、四进、五进等。其布局方整有序，在水平方向上可以沿纵横轴线延伸，而肌理不变，呈现方格网状特征。在造型、空间上都呈现出左右均等、中轴对称的格局，暗含传统审美观和礼制观，因而被广泛运用于书院的建筑组合中。

图2-4 合院式书院——嵩阳书院

5. 自由式组合

此常见于山地。由于受自然条件的限制，其布局不能完全满足礼制要求，表现出因地制宜的园林建筑特色。自由式组合部分或全部依据山形地势自由布局，使得建筑与环境的融合十分有机协调。见图2-5所示。这种方式和中国古典建筑的礼制要求并不矛盾，中国建筑文化在要求建筑合乎礼制的同时，也强调天人合一，以建筑适应环境。

图2-5 自由式组合书院——信江书院

6. 混合式

在很多情况下，由于地形地貌、使用方式的不同，或者是增建、扩建的时间先后不同，书院建筑不可能以单一的平面类型进行布局。大多数的书院在布局时都综合了几种平面类型，兼收并蓄，从而使书院的内部环境变化更加丰富。见图 2-6。

图 2-6　混合式书院——仰山书院

书院建筑在几何形态上又可以分为串联、串并联、串并列三种形式。我国的四大书院在几何形态上不约而同地选用了串联形式的庭院布置格局。串联格局以中轴线为对称格局，层层递进，形成一串递进的建筑，在空间上构建出一个个独立的小空间，这些小空间又通过中轴线的道路进行串联，既能够满足实际的使用需求，又满足了建筑审美的需要。串并联布局则是多路多进组群在纵横两向都存在着规整的轴线对位关系，如白鹿洞书院，以礼圣殿为主轴，主次轴线共五条，沿地形地势依次并列；各主副轴线关系呈规整对称状，轴线院落之间有门联结。串并列是多进院落相对独立的并列布置，没有形成横向的轴线对位关系。

三、书院的选址

书院除建筑布局外，书院选址也是其建筑空间重要方面，其选址影响建筑的设计与应用。古代书院选址方面体现了较为丰富的德育环境思想，选址于依山傍水之处体现了山水比德思想和生态道德观念；选址于城郊接合部是古代文人"出世"与"入世"矛盾观念的体现；选址于历史文化遗迹之处体现了注重人文环境对生徒的道德熏陶。

1. 选址于依山傍水之处

中国古代著名的书院，大多依山傍水而建。江西白鹿洞书院的楹联曰："泉石可人，烟霞友我；青山傍屋，绿树盈门。"[①]清澈的山泉从石洞中缓缓流出，令人赏心悦目；天空中云蒸霞蔚，好似可抒襟怀的挚友；书屋依依偎于葱茏森郁的青山，门前种满了翠色欲滴的碧树。朱熹对白鹿洞书院的周边环境做了这样的描述："观其四面山水清邃环合，无市井之喧，有泉石之胜，真群居讲学，循迹著书之所。"[②]古人将书院选址于依山傍水之处，体现了山水比德思想。"比德"是将自然山水、草木的形貌与人的某些内在品德或道德的对应关系作意象化的比附、暗喻，从而将自然人格化、精神化，人的思想、情感得以物化和对象化。这样，自然的风貌与人的气质便相互沟通，二者在恰适融合的对流运动中化合为一体。"居山水为上"是儒家士人最为理想的环境观，山和水都有着特定的道德象征意义。

2. 选址于城郊接合部

古代书院选址的另一个特点是多处在城郊接合部。处于城郊接合部的选址特点反映了古代文人既入世又脱俗的生活理想，也体现了他们道德追求中"仕"与"隐"的矛盾。城郊接合部从地理位置上说已离开城市的喧嚣，符合文人"穷则独善其身"的道德追求，符合儒家思想所倡导的"穷则独善其身"的人生信念。古代书院一方面在脱离城市喧嚣、环境幽静之处选址，另一方面又不会离城市太远。这又反映了古代文人的道德价值追求在寻求隐逸的同时又有入世的一面。

3. 选址于历史文化遗迹

书院的选址在注重自然环境的同时，也强调人文环境，突出书院的学术渊源和对历史文化名人的纪念。书院选址时注重的学术渊源和文化名人遗迹是社会文化环境的一个组成部分，对书院生徒道德品质的形成有重要影响。书院深厚的学

---

① 金武祥. 粟香随笔卷六［M］. 清光绪刻本：406.

② （宋）朱熹. 晦菴集卷九十九［M］. 四部丛刊景明嘉靖本：7096.

术渊源激发生徒对先贤的景仰之情，提醒自己珍惜这宝贵的学习机会；先贤流芳后世的高尚品德和学术成就使生徒注重自身的道德修养，在学术上刻苦钻研。从社会学角度来讲，和书院有关的先贤们作为榜样人物，为书院生徒的人生实践、学术修养和全方位的发展提供全面的指导。先贤们在人生几乎所有的领域为书院生徒提供了相应的参照群体。

第二节　古代书院教育空间界定

书院的主要功能在于教育，因此书院建制的各空间都可以作为它的教育空间发挥作用。具体可分以下几个主要的方面：

一、自然环境与教育空间

书院建筑的选址和环境经营，都是源自儒家的教育思想和教育方法。朱熹在修复白鹿洞书院之后作诗云："深源定自闲中得，妙用无从乐处生，莫问无穷庵外事，此心聊与此山盟。"①说明书院的择胜而处，是为求得"净心""悦性""深源""妙用"的天人结合的境界。儒家的教育思想中有一个重要的方面就是美育，即通过艺术和审美陶冶人的情操，使之成为有文明教养的人。在书院教育中，课堂讲授仅仅是教育的一部分。在平时，书院的师生三三两两在山间溪流、茂林修竹之间闲游，或谈人生，或谈学问，或谈时务，这也是教育的一部分，甚至是更重要的教育。孔子《论语·先进》中记载有一次孔子和他的弟子们谈论人生志向，弟子曾点说："暮春者，春服既成，冠者五六人，童子六七人，浴乎沂，风乎舞雩，咏而归。"②孔子大为赞叹："吾与点也"。这种情景无疑就是一种人与自然的交流融合，在大自然中欣赏美景，陶冶性情。

因此，古代书院不仅讲究选址，而且还要着力经营周边环境。例如，长沙岳麓书院，不仅选址在风景优美的岳麓山下，还在书院周边开挖沟渠池塘，引山泉

①（宋）朱熹. 晦菴先生朱文公文集卷卷七［M］. 四部丛刊景明嘉靖本：532.
② 杨伯峻. 论语译注［M］. 香港：中华书局香港分局，1984：119.

入园中，种植树木花草，形成四季奇景，逐渐形成了著名的"书院八最"——"桃坞烘霞""柳塘烟晓""风荷晚香""竹林冬翠"等。除此之外，还要在书院内建园林，引岳麓山上的泉水流入园中，号称"百泉轩"。另外，书院后面山谷中有爱晚亭，书院前面有自卑亭，直到湘江边上还有牌楼。所有这些都构成书院的环境，都是书院教育的组成部分。

二、讲学与教育空间

书院以讲学为主要的教学手段，讲堂是书院建筑中最具公共性的空间场所，讲学和一些大型的公共活动都在这里举行，是院内与院外功能的交汇处。由于书院的教学是与学术研究相结合的，重视师生切磋；对话交流，鼓励质疑问难。因此书院讲堂大多是面阔大于进深或与进深相同的横向方形式。此外，由于书院教育面向社会，凡有志于学者，均可前往听讲，讲堂再大，也难以容纳，故书院讲堂前大都有一个较大的庭院，是书院中最为宽阔开敞的地方，而且大多数书院讲堂的前部都对前庭完全开敞，无论采取庭院式、廊院式，还是天井式，都是为了使讲堂的空间得以延伸扩大。

岳麓书院在宋代最盛时期，由著名学者张栻主持，远道请来大哲学家朱熹讲课。朱张二人虽然同属理学正宗，但在一些具体的问题上学术思想仍有差异，两种不同的观点一起讲授论辩，成为学术史上著名的"朱张会讲"。史书记载，当时全国各地学者云集岳麓听讲者逾千人。书院前面有一口供学子们的马匹喝水的池塘，叫"饮马池"，朱张会讲时前来听讲者之多使"饮马池水立涸"，来的马匹把一池塘水都喝干了，可见当时之盛况。

三、祭祀与教育空间

儒家礼制思想中对于祭祀极其重视，"礼有五经，莫重于祭"。《岳麓书院学规》中首先就说"时常省问父母，朔望恭谒圣贤……"。而礼制思想又是通过教育来实现的，所以祭祀建筑就成了中国古代的学校（学宫、书院）中必不可少的建筑。由于祭祀活动的崇高性与重要性，祀堂一般都处在书院建筑中轴线的最后一进，即在讲堂之后。这样既突出了以讲学为中心，又显示了先师先圣的尊贵地位。

在儒家的教育思想中，祭祀本身就是教育的一部分，它是一种特殊的教育方式，即通过祭祀某位人物来教育后人。所以教育场所——学宫、书院都必定有祭祀建筑。学宫有文庙祭孔子，文庙中除大成殿外还有乡贤祠、名宦祠等附属祭祀建筑。一般书院中虽然没有完整的文庙，但也有祭祀孔子的殿堂。除此之外，每个书院还有自己独特的祠庙，用来纪念该书院历史上的著名人物，书院中的这类祠庙叫"专祠"。所谓专祠，就是专门纪念某些人的祠庙。这些人或者是这个书院历史上出现过的著名学者，或者是这个书院所崇奉的某个理论学说的创始人，或者是在这个书院的建立和发展历史上做出过重要贡献的人等。以长沙的岳麓书院为例，里面就有濂溪祠、四箴亭、崇道祠、六君子堂、船山祠等专祠。濂溪祠祭祀宋明理学的创始人周敦颐（号濂溪），因为岳麓书院是以宋明理学思想为教育主旨，当然就要祭祀宋明理学的鼻祖；四箴亭祭祀宋明理学史上两位仅次于周敦颐的重要的人物——程颢、程颐；崇道祠纪念张栻和朱熹，张栻是宋代大儒，当时岳麓书院的山长（院长），朱熹是宋代著名哲学家，宋明理学的代表人物之一；六君子堂祭祀的是在岳麓书院历史上为书院建设和发展做出过贡献的六位人物；船山祠祭祀的是从岳麓书院毕业的著名哲学家王夫之（王船山）。

四、藏书与教育空间

藏书是书院雏形时便有的功能，也是书院创设必须具备的物质条件之一。大量的藏书给学生提供了可阅读的学习资料，是书院教育的重要组成部分。特别是唐宋以来，造纸技术的发展，雕版印刷尤其是活字印刷术的发明与推广，使得纸本书籍大批量生产和流传，大量藏书成为可能，书院中藏书建筑也应运而生，如岳麓书院御书楼、白鹿洞书院云章阁等。书院藏书的多寡，是书院号召力的一个重要标准，也是书院不可替代的教育空间。

五、斋舍、游息与教育空间

书院为士子藏修肄业之所，学生从四面八方负笈而来聚居乐业是书院的一大特色。书院斋舍一方面是士子生活起居的场所，另一方面也是读书自修的地方。斋舍以间为单位，各成院落分隔。创造了较为安静的自学环境。配套于斋舍的还有厨房、更衣间、厕所、米仓等，它们与斋舍一起组成生活区。学子在起居之间，相互交流，切磋学问，在潜移默中发挥起着教育的作用。

总之，书院在讲求书本教育的同时，更注重品格的培养，即所谓修身养性。利用环境来陶冶性情，在力求外部环境优美的同时，还在内部设置专门的游息空间，以供师生闲暇时同游共商，交流思想，陶冶心性，探讨学术，更与祠堂、藏书楼等共同组成了书院的教育空间。

第三节　古代书院蕴含的各种文化符号与文化意象

书院作为同中国传统文化关系最为紧密的士人集中的主要活动场所——读书、讲学、研究探讨及传延传统文化的地方，其建筑较之其他的民间或官式建筑，具有更多的文化符号和文化意象，能更为集中地反映出中国传统的文化思想。

书院建筑所体现的文化符号和文化意象多体现在建筑的雕饰上，即主要是建筑上的砖雕、石雕、木雕作品，这些雕饰主要用来装饰建筑中的门罩、花墙、梁坊、雀替、月梁、门窗、挂屏、楼沿、漏窗、墀头、柱础、门枕石等部位。不同种类的建筑雕饰在一定程度上成为书院的一种外在标识，成为书院文化的象征。书院建筑雕饰的风格虽然受不同地区雕饰整体风格的影响，但在书院中有很多共同的意象，集中反映了各地学人的文化观念和审美追求。

这些文化符号和意象分为两类：一类是书院建筑与其他建筑所共有的，这是建筑本身所具备的基础意象，主要是求福与镇宅意象；另一类是书院建筑所独有的意象和符号，主要表现在敦儒促教的意象。

一、敦儒促教的意象

书院是教书育人的地方，教育是其最主要的功能，由于儒学思想作为古代文化的主流，故儒学教育一直是古代教育的主体，因此书院建筑中包含着更多的是敦儒促教的意象与符号。

1. 清贞意象

传统的书院是苦读之所，亦是高洁清雅之地，因此，书院的建筑雕饰在题材、内容和风格上也有别于一般的民用和官署建筑雕饰，它有自身约定俗成的规范，有特定的功能和深刻的寓意。在书院建筑雕饰中常见梅兰竹菊（"四君子"）或松竹梅（"岁寒三友"）题材，在清贞意象中，梅花和竹子出现的频率最高。梅花冰肌玉骨、不畏严寒，竹子有节、虚心、清爽、顺直，它们是一种文化身份和精神品格的象征。梅竹意象在书院建筑雕饰中的应用，意在暗示学子们要心神俱静、神志清明，要收敛凡俗之心，刻苦攻读，同时修身养性。读书人苦中作乐，雪中盛开的梅花就是其高洁品性之象征。书院建筑雕饰中，松和柏的意象也很多。孔子曰："岁寒，然后知松柏之后凋也。"松柏的身上能够体现出儒家积极入世的精神和士大夫的人格节操。另外，还有荷叶、莲花等植物纹样，它们都有特定的文化意涵。这些清贞意象的设置具有特殊的文化动机，它们皆能指代士人之风骨，设置这些意象旨在塑造学子的精神品格，涵养他们的心性心智，开启其智慧、陶冶其情操。

2. 读书登第的意象

"学而优则仕"是古代读书人的志向，士子们读书的目的，除了知书明理之外，更重要的是通过科举取得功名，以实现自己的理想和抱负。书院是学子求学之地，因此在书院的建筑雕饰中自然少不了励志、劝学和科举的内容。在书院建筑上，有描绘士子读书场景的雕饰，有反映"士子赶考""折枝有望""连中三元""蟾宫折桂""魁星点斗""高中皇榜"等内容的雕饰，还有"鲤鱼跃龙门"和"一甲传胪"的雕饰。这些意象被赋予了深刻的文化意涵，寄托着人们对参加科举考试的士子的良好祝愿和对功名利禄的向往，反映出封建科举制度下国人对读书入仕的重视。登科取第虽然是一种功利性追求，但是作为古代社会读书人的一种人生理想，它们亦反映了知识阶层的社会担当意识。

3. 人伦教化的意象

在儒家文化的长期浸润下，忠君与孝行的故事很多，祠堂、牌坊林立，"读书执礼，孝悌力田"等内容的楹联流行。对宗族和家庭人伦秩序的遵守与维护非常重要，因此世人强调崇礼重教。书院的核心任务之一是使士子们读书明理，以后成为忠孝之士。因此书院在一定程度上承担着传播孝道伦理与促进社会和睦的使命。在书院建筑中，忠孝主题的意象有很多，反映"二十四孝"内容的意象随处可见。书院建筑中设置忠孝主题的雕饰，其意义还在于让蒙童一入学就开始接受儒家文化的熏陶，让他们在儒家文化环境中逐渐适应，使伦理道德扎根于他们幼小的心灵之中，对其人生方向和立身原则产生重大影响。另外，这些雕饰内容也可成为学子学习成长的无形动力，促使其勤学苦练、奋发向上。

4. 涵养心性的意象

朱熹的《观书有感》一诗云："半亩方塘一鉴开，天光云影共徘徊。问渠那得清如许，为有源头活水来。"反映了"天人合一"这一重要的儒家文化观念。在书院的建筑意象中，有少许反映这类诗书传统的木雕和砖雕作品，它们烘托了书院的文雅气氛，强化了士子们对儒家文化的认知。书院建筑中以"春风""秋月"为表现对象的镂空石雕作品，则是士子们人生理想和生活意趣的反映，它们起到了涵养心性的作用。正是中国传统读书人独特的思维模式和乐山乐水的人文情怀，赋予自然风物一种理想之光。书院中寂寞的读书生活因这些雕刻作品的存在而增添了更多的亮色，士子们的生活获得了更多的乐趣，并从中感受到了大自然的温暖。

二、求吉纳祥与镇宅挡灾意象

书院建筑雕饰的题材多为祥云、卷草、福寿、蝙蝠等吉祥图案，这些吉祥图案有的象征着祈求平安如意、多福多寿，有的表达了前程似锦、步步高升的夙愿，还有的表达了人们祈盼吉庆兴旺、风调雨顺的热望等。例如，在岳麓书院大成殿和赫曦台的屋顶上都雕刻有"太极双鱼图"的木刻浮雕，太极双鱼图镶嵌在屋顶的中心，周围饰以蝙蝠纹样。太极图由双鱼组成，代表着天地阴阳两极，阴阳紧密契合，相生相克。在双鱼图的四周雕刻有众多蝙蝠纹样，"蝠"与"福"谐音，是幸福的吉兆。此外，双鱼图外围分布着寿字纹样的小正方格，四角也分别饰以蝙蝠纹样，这样福寿相倚，正是人们对福寿追求的完美体现。这不仅寄托了书院建筑者和设计者的一种美好愿望，还将美好愿望反映在该建筑雕饰求吉纳祥这一意象主题之上。

在各地区民俗文化中，镇宅挡灾始终是一个重要主题，只是根据地域文化的不同呈现出不同的艺术风格和表达形式。这是古人面对一些无法预知的灾难时所寻求的慰藉。岳麓书院雕饰的图案也传达了镇宅挡灾这一主题，如大门石鼓中雕刻的万字图形，所选用的符号、法器和神兽等都被看作具有驱魔除煞的强大力量。无论是建筑群屋脊上所雕的琉璃雕龙和屋脊坐狮，还是檐口上的雕龙以及大成殿牌坊上的鱼龙吻和门前的守门石狮等雕饰，都被赋予了一种神秘而又强大的力量，认为这些力量会帮助人们战胜灾难。因此，在赋予了图案这股力量之后，这些雕饰不仅仅只是一种装饰，更具有了镇宅挡灾的作用。

古代书院是教书育人的场所，也是藏书、开展学术交流和著书立说的文化机构。可以说，书院的建筑雕饰意蕴深远，它与楹联一起，共同为学子们营造了独特的文化氛围，强化了他们经世致用的读书动机和光宗耀祖的功利性目的。池水、绿草以及劝学楹联和建筑雕饰意象，构成了独具特色的人文景观，为书院增添了生机与活力，为培养和塑造学子们高洁的人格品性提供了外部环境。

第四节　古代书院规制与空间布局的意义

中国古代书院的讲学、藏书、祭祀、学田、刻书等规制，以及在此基础上形成的书院的建筑空间布局都具有独特的意义。对中国书院规制与建筑的分析，不难发现，真正连接中国书院建筑形式与功能的是中国传统文化的深层内涵——"礼乐观"。书院严谨的建筑群体，是社会知识分子群体意识的表现，反映了儒家"礼乐相成"的思想。书院师生置身于一种浓厚的政治伦常的观念和秩序中，也体现了儒家世俗的一面。

一、古代书院规制与空间布局体现了礼制对书院的影响

"礼"作为以政治等级制度和伦理道等级观念为基础的一套文化治理体系和森严的制度，对中国古代社会的影响不但表现在思想观念方面，而且渗透于社会生活的各个方面。它是中国古代封建社会中一切社会观念的基础，包括整

套严密的典章制度、道德规范以及行为准则、生活方式。"礼"的本质是上下尊卑的等级伦理秩序。"乐"则是"礼"的艺术表现形式，是礼的精神与艺术精神的综合表现，是调和各种等级秩序类别关系的"和"的手段。正如理学家程颐所说："礼"只是一个序，"乐"只是一个和，"礼"与"乐"是一对互不相同又不可分割的矛盾。

这一观念反映在中国传统建筑上，一个突出的方面就是内部空间多以一条中轴线来贯穿始终，以强调君、臣、父、子垂直统治的礼的等级秩序。通过轴线层次序列，以求尊卑、上下、主次、内外达到统一有序的目的，同时，通过不同特点的庭院天井的空间组合，达到亲和的目的。且院落中又以"北屋为尊，两厢次之，倒座为宾"，因此形成一种序中有和、和中有序、和序统一的整体特点。

纵观书院建筑的布局，大多数也有一条贯穿全院的中轴线，这当然也隐含了礼文化的意义。尽管有些书院因为山形地势的原因，无法在总体布局上取这一样式，但其中主要的建筑如讲堂、祠堂、藏书楼等，总是处在中轴线的位置上。斋舍及辅助设施多居两侧，这与礼所强调的"礼乎礼，夫礼所以制中也"的观念相吻合，而"中"与"尊"同义，尊者居中，卑者辅侍左右，书院的空间布局正体现了这种关系。

门作为封建等级制度的礼仪建筑，它也是轴线上不可缺少的。因此，尽管大多数书院与外界直接联系的是角门或有意偏置的门，但都有位于轴线开端处的正门。小型的书院只有二进或三进。二进式的书院，第一进为仪门，第二进为讲堂，讲堂后附设祭堂。三进式的书院，第一进为门厅，第二进多为三到五开间的讲堂，第三进为先贤祠堂、文昌阁或魁星楼、藏书楼等。大型的书院如广东的粤秀书院和广雅书院则有四进：第一进为大门，第二进为大堂或讲堂，第三进为讲堂或大堂、客厅，第四进为先贤祠堂、藏书楼（对称布置于祠堂左右）、文昌阁或魁星楼。湖南的岳麓书院和云山书院据考曾为五进式。岳麓书院的五进分别为赫曦台、大门、二门、讲堂、御书楼；云山书院的五进则分别为仰极台、大门、讲堂、文昌阁、先师殿。此外，有的书院也把山长课艺处（山长起居办公的地方）置于中轴线上，这主要是为了反映山长在书院的重要地位。

此外，礼制强调的是君、臣、父、子的垂直等级划分，因而书院建筑的布局越往后越尊贵，即在轴线上的建筑，一进尊于一进，表现出显见的主从性质，如讲堂、祠堂一般都居中或靠后，尤其是先圣先师殿祠以及文昌阁、魁星楼等大多居后，是至尊的象征。这是因为书院是以讲学为中心的教育机构，但如果说讲堂是使先圣先贤精神发扬光大的地方，那么祠堂楼阁便是这种精神的来源地，它们设在讲堂之后，是合乎礼制要求的。

二、体现了"乐"的调和均衡

"礼之用，和为贵"。"和"即是"乐"，就是在等级秩序的基础上求得一定的调和，使人们对礼的序分求得认同，以利于群体的和谐。书院建筑恰好体现了礼乐相成的特点。严谨的建筑群体中，庭院天井的运用，颇具匠心。虽不免有"坐井观天"的局限，但仍不失为内外、天地、人与自然和人们之间的"亲""和"之处。它或以走廊，或以隔扇，或以敞厅，或以花窗、洞门等，相与沟通联系，各具情趣，耐人寻味。虽然在礼乐思想的约束下，文人建筑的内外空间艺术以虚当实，虚实结合，尤多创造。

除了主体建筑严格地顺次布置在中轴线上外，师生日常起居生活所用的斋舍等，结合院落对称地布置于两厢。它们不直接对轴线院落开门，而是自成院落，组成建筑群的次轴线。布局一般较为紧凑，以廊相接，形成既可流通交往，又可闹中取静的多层次空间。作为对修文敦儒之地的补充，书院的游息部分则灵活地结合周围的自然环境设置园林或布置亭榭，以平衡主体建筑的规整严谨，表现出"天地之和"的"乐"的亲和。书院偏爱用梅兰竹菊、柏松莲荷等有寓意的植物点缀庭院，亦包含了寓教于乐的意义，如密植修竹以期读书人要"虚心有节"，种槐树表示以德能"怀"远者、悦近者等。礼的崇隆，乐的和谐乃是书院空间布局的总体特征。

三、体现了"天人合一"的自然理念

这主要表现在书院建筑的园林与环境艺术，书院造园源于士人的隐逸文化传统。我国古代书院在形成讲学、藏书、祭祀的完整规制过程中，以闲情逸致、儒雅脱俗的士人园林风格影响了书院园林的形成与发展。由于其独特的文教气息，书院园林从一开始便有别于皇家园林的奢华和私家园林的娇媚，在某种程度上似乎更接近寺观园林的清幽，但朴素中更有一份浪漫，体现了古人"天人合一"的理念。

第三讲

书院藏书的特点与经典选择

　　书院是古代藏书的重要场所，书院藏书与官方藏书、私人藏书、寺观藏书并称为古代四大藏书体系。古代书院藏书经、史、子、集四部皆备，其中以儒学典籍占主导地位。书院的繁荣同理学的发展密切相关，宋、元、明、清各代书院大部分都是研究和讲解理学的教学研究机构，所以理学家提倡的儒家经典也就理所当然地成为书院的主要藏书。

第一节　古代书院藏书概况

一、书院藏书的开始

　　书院是古代藏书的重要场所，书院藏书与官方藏书、私人藏书、寺观藏书并称为古代四大藏书体系。元代欧阳玄《贞文书院记》云："唐宋之世，或因朝廷赐名士之书，或以故家积书之多，学者就其书之所在而读之，因号为书院。"①可见"书院"之名因书而立，没有藏书，也就没有书院。

　　唐代书院的建立就是以修书藏书为主要目的，经过多年的战乱，唐王朝立国时百废待兴，为统一思想，繁荣文化，经籍更亟待收集、校勘和整理。唐玄宗开元年间，在全国征集图书，共收集到 3060 部 51852 卷，尚不包括佛经、道经

---

① 曹之. 中国古代图书史［M］. 武汉：武汉大学出版社，2015：295.

等书籍，大大超过了前代。为了更好地整理图书，除在国家藏书机关兼校书机关
"秘书省""弘文馆""崇文馆"等处修书、藏书、校书外，还专门设置了"丽正修
书院"即其后"集贤殿书院"这一机构开展此项工作。

唐代除了官方书院外，还兴起了许多私人创建的书院。《全唐诗》中提到了
11 所，见于地方志的有 17 所。例如张九宗书院，据记载该书院在四川遂宁县，
唐贞观九年（635 年）创办。这些私立书院多半只是读书人自己读书治学的地方，
不过也有一些书院有教学活动，并有数量可观的藏书。例如《九江府志》记载义
门书院为"唐义门陈衮即居左建立，聚书千卷。以资学者。"①唐朝后期至五代，
社会政局动荡，书院发展缓慢，书院藏书自然也谈不上发展了。

二、书院藏书的发展

1. 宋代书院藏书概况

书院藏书的大发展在宋代。纸张的普及、雕版印刷技术成熟和活字印刷术发
明，促进了刻书业的兴盛发展，为书院大规模藏书提供了丰富的物质基础。

北宋建立后，虽然统一了北方，但是南方还有割据政权存在，朝廷忙于统一
战争，一时顾不上文教事业，更缺乏财力兴办足够多的学校以满足各地士子读书
的需要。因此，各地名儒、学者和地方官吏，纷纷兴建书院，培育人才。当时的
一大批著名书院，如白鹿洞书院、应天府书院、岳麓书院、嵩阳书院等就是在这
种背景下建立并发展起来的。吕祖谦在《白鹿洞书院记》中说："国初斯民，新
脱五季锋镝之厄，学者尚寡，海内向平，文风日起，儒生往往依山林、即闲旷以
讲授，大率多至数十百人。嵩阳、岳麓、睢阳及是洞为尤者，天下所谓四书院者
也。"②各书院的主持人和地方官吏努力经营书院，聚集藏书，北宋王朝也给一些
书院颁赐了大量图书，使书院藏书渐趋丰富。例如四大书院之一的应天府书院，
成立时就"建学舍百五十间，聚书千卷"。鹤山书院"堂之后为阁，家故一藏书，
又得秘书之付而传录焉，与访寻于公私所板行者，凡得十万卷"这个藏书量已
超过了当时国家书库。到北宋中后期，统治者为了更直接地笼络人才，十分重视

① 周玉衡.传统文化与教师教育［M］.上海：复旦大学出版社，2013：191.
② （清）王懋竑.朱子年谱卷二，［M］.清文渊阁四库全书本：173.

科举，大力振兴学校教育，冷落了书院。在这种背景下，书院开始衰落。

南宋时期，书院又有比较大的发展，宋代书院总计 397 所，其中北宋约占 22%，南宋约占 78%。[①]可见，南宋书院的发展非常迅速。书院，特别是著名的书院，都拥有相当多的藏书，从数千卷至 3 万卷的数量比较普遍。例如应天府书院藏书 1000 卷，南园书院藏书 3 万卷，而像鹤山书院藏书 10 万卷，在诸多书院中属于佼佼者，比较罕见。

宋代书院藏书有三大特点：一是藏书内容以儒家经典为主，并紧密结合宋代理学，朱熹对南宋书院的发展起了重要作用。宋代书院完成了从藏书机构到教育机构的历史性转变；二是书籍形式多样，以印本为主。书院藏书有写本、印本、拓本等，因为雕版印刷的普及，印本为书院藏书的主要形式，进一步满足了教学需要；三是藏书的开放性。书院藏书面向广大师生，在学术交流中发挥了重要作用。

2. 元代书院藏书概况

元代统治者从忽必烈开始，出于缓和阶级矛盾、进行文化控制的需要，重视文化教育，大力提倡理学，鼓励兴办书院，因而书院在元代得到了较大发展。元代书院藏书规模不断扩大，数量超过宋代。例如太极书院藏书 8000 多卷，东庵书院藏书 1900 多卷。但与此同时，官府也加强了对书院的控制，自由讲学风气不浓，书院充满官学气。元代书院藏书的来源主要是书院自行刻书、私人捐赠和书院出资购买等方式，朝廷赐书尚无史料记载。

元代书院藏书也有三个特点：一是书院藏书的官学化。藏书由地方政府和书院双重管理，指派专人负责。二是少数民族的有识之士对书院藏书做出了重要贡献。例如秘书太监达可为蒙古人，在四川长大，告老还乡后，以个人积蓄为成都石室、草堂、墨池三大书院收藏典籍，不遗余力。又如云南都元帅舒噜多尔齐将家宅改为书院，甚至捐俸购书，一时传为佳话。三是书院藏书建设逐渐正规化、制度化。不少书院都编制了藏书目录。例如共山书院所编《共山书院藏书目录》、西湖书院所编《西湖书院书目》等，还有不少书院制定了具体的借阅制度，如许昌颍昌书院规定："师生有欲借之者，则具姓名列书目，而以时谨其出纳。"

---

① 季明明.中国教育行政全书［M］.北京：经济日报出版社，1997：1654.

3. 明代书院藏书概况

明代初期，书院仍维持着元代的规模。到嘉靖年间，随着科举制度弊端丛生，官学日益腐败，一批士大夫重新提倡自由讲学，书院才又兴盛起来。当时著名理学家王守仁、湛若水先后在各地兴办书院，广收门徒，传道授业，将书院办成既是学术研究中心又是教学的机构。由于王、湛等人的大力倡导，书院建设进入了鼎盛时期。但由于统治阶级重视科举，天下学子向往仕途，精研儒经。受此社会大环境的影响，书院虽多，藏书丰富的却并不多见。另外，明代书院教育以"会讲"为特点，重清谈，轻读书，藏书事业也因此受到了一定程度的负面影响。

明代书院藏书有四大特点：一是书院大多建置了藏书楼。例如长沙岳麓书院建尊经阁；西樵山石泉书院建沛然堂、紫云楼，海宁猴城书院建扶摇楼等。二是不少书院都编制了专门的书院志，例如《重修岳麓书院图志》《百泉书院志》《共学书院志》《白鹭洲书院志》等。三是受王阳明心学影响较大。心学以书院为传授基地，书院以心学为思想基础，二者互相依靠、互为表里，形成荣誉与共、融为一体的特殊关系。四是明代书院形成了一套完整而独具特色的藏书管理制度，包括图书征集、整理、分类、编目、保管、借阅等。明修书院志中常有院藏图书目录，颇能反映其藏书特色。例如李梦阳《白鹿洞书院新志》卷八《书籍志》，分经、史、子、集四部，著录正德年间院藏图书 83 部 1038 册，以反传统的四部分类顺序，将子部提到史部之前，说明对于子部书的重视。在分类上，许多书院有推陈出新之处。例如江苏常熟孙慎行、张鼐的万历《虞山书院经籍志》，将藏书分为圣制、典故、经部、子部、史部、理学部、文部、诗部、经济部、杂部和类书 11 个类目，著录图书 265 部，突破了甲乙丙丁四部分类法，去掉了集部，增加了典故、理学、经济、文部、诗部等类目，为我国古代目录学的发展和创新做出了一定的贡献。

4. 清代书院藏书概况

清代书院藏书事业走出了明代的低谷，获得了突飞猛进的发展，管理更为完善，藏书更为丰富。清初，时局还不稳定，反清复明的呼声很高，统治者害怕汉族知识分子集合讲学，议论朝政，对书院加以压制。雍正时鉴于统治秩序已经建立，且书院的影响也难以限制，故改而公开提倡。雍正十一年（1733 年）就曾发布上谕称："建立书院，择一省文行兼优之士，读书其中，使之朝夕讲诵，整躬励行，有所成就，俾远近士子观感奋发，亦兴贤育才之一道也。"[①]出于"化导士子"的目的，朝廷规定各省省会设立书院一所，书院经费由政府拨给，书院山长由各省督抚学政聘请，学生由各省道员和布政司会同考核，私创书院须申报官厅查核。这样，实际上把书院逐步办成了官学。由于清统治者采取积极控制的办法，清代书院几乎遍及各省通都大邑以至穷乡僻壤。据统计，清代设立书院达 1900 多所，大部分控制在政府及其官员手中。

有专家认为，清代书院根据其教学侧重，大致有四种类型：一为以讲求理学为主的书院；二为以博习经史辞章为主的书院，这类书院在清中叶大盛，对于社会学术文化发展影响很大；三为以考课为主的书院，这种书院也很普遍；四为近代人士举办的学习西洋科学的书院。

清代学术兴朴学，重经史，考据需要广搜异本、比勘众家，对文献的需求量极大，书院藏书又逐渐兴盛起来。清代的书院藏书事业，超过以往任何一个朝代，更有朝廷赐书和官员赠书，再加上自行刻书的越来越多，使书院藏书一时蔚为大观。

清代书院藏书有以下两大特点：一是书院藏书受到普遍重视。藏书、讲学、祭祀是书院的主要职责，三者缺一不可。清代书院的各种藏书楼、御书楼、尊经阁、芸香楼、万卷楼等纷纷建立起来。二是书院藏书管理制度更加完善。从图书征集、整理到借阅、管理都制定了具体办法，人事安排更加周密，学院由监院、学长或者董事主持，向山长、官府或董事会负责，并委派专人管理图书，认真执行管理制度。

三、书院藏书的终结

书院从唐宋出现至 20 世纪初，随着新式学校的兴办，逐步失去其意义，因而衰落。同治以降，尤其是光绪年间，中国社会发生了急剧变化，再加上外国教会书院所带来的冲击与影响，晚清书院开始了近代化的进程。在这一背景下，清代晚期书院藏书也日趋近代化，以公开化服务师生作为其鲜明特色，推动了古代

---

① 赵宁修.岳麓书院志［M］.长沙：岳麓书社，2012：510.

藏书事业的近代化进程，是中国藏书事业由封闭到开放的里程碑。

鸦片战争后，随着封建制度的逐渐瓦解，旧有的书院制度慢慢解体，西方国家的基督教会兴办了一些教会书院。清朝末期受西方教育的影响而建立起来的新型书院，如上海格致书院、直隶河北书院等，仿西方大学图书馆模式建立了书院藏书楼，藏书范围也中西兼蓄，包容了经史、近代科学和外语等内容。这类书院既是我国书院教育的余绪，又是近代新式教育的先声。至 20 世纪初，书院在我国教育史上最终画上了句号。光绪二十七年（1901 年），朝廷两次诏令将书院改设为学堂，省城书院改为大学堂，各府和直隶州的书院改为中学堂，各州县的书院改为小学堂并多设蒙养学堂。所有书院藏书便陆续为各地图书馆所接收。只有极个别的书院（例如沈阳的萃升书院）延续到 20 世纪 20 年代。

第二节　古代书院藏书规模与藏书种类

一、古代书院藏书规模

1. 宋代书院藏书规模

宋代四大书院都富有藏书。北宋初期，四大书院兴建之时，各书院主持人和地方官员就为聚集书院藏书而努力经营，朝廷和私人都纷纷赐书给书院。例如嵩阳书院第一次得书在至道三年（997 年），为宋太宗赐印的《九经》。第二次在大中祥符二年（1009 年），宋真宗赵恒亦赐《九经》给书院。是时书院尚名太室书院，乃改五代后周时所建太乙书院而成，到景祐二年（1035 年）奉敕重修时，始改名嵩阳书院。宋人李廌《嵩阳书院诗》曾谈到院中藏书情况，"崇堂讲遗文，宝楼藏赐书。赏田逾千亩，负笈者云趋"。① 岳麓书院在宋初也两度得到皇帝赐书。第一次是在咸平四年（1001 年），应潭州知州李允则之请，宋真宗赐国子监诸经释文、义疏及《史记》《玉篇》《唐韵》等书，藏之书楼。第二次是在大中祥符八年（1015 年），其时山长周式以"学行兼善"，办学富有成绩而受到宋真宗的召见，

---

① 邓洪波. 中国书院诗词［M］. 长沙：湖南大学出版社，2002：169.

并受命为国子监主簿。因周式坚决请求回山教学，乃赐给内府中秘书、对衣鞍马及御书"岳麓书院"匾额。前后不到 15 年时间，岳麓书院就两次得到御赐书籍，故改名为"御书阁"，以表其崇。

皇帝赐书的主要目的是为了奖赏书院办学以替代官学为其培养人才，并借机推广官方标准读物，以求统一思想，客观上有利于书院藏书事业的发展。赐书不仅表明了皇帝对书院藏书的重视，而且可以对各地书院形成一种巨大而持久的激励机制，推动书院藏书活动的继续发展。

南宋时期，书院藏书陆续得到了朝廷的支持。例如淳熙八年（1181 年），孝宗皇帝应朱熹之请，将高宗皇帝御书石经拓本一套及国子监印本《九经》一部赐给白鹿洞书院。但总体而言，中央政府对书院藏书的支持远不及北宋。首先，除了此次赐书之外，再也找不到其他记录。其次，赐书不像北宋时期那样主动，基本上是一种被动行为。因此，就其影响力而言，已经从北宋时期的主力地位退了下来，南宋书院的藏书事业已经由书院的建设者们独立承担起来，这种变化，正是其事业走向成熟的重要标志。

就藏书规模而言，南宋魏了翁在四川蒲江建立的鹤山书院尊经阁藏书 10 万卷，其规模之宏富实为宋代各书院之首，其他如浙江黄岩南峰书院藏书 10950 册，河南商丘睢阳书院藏书 1500 余卷，浙江东阳南园书院藏书 3 万卷。宋代书院藏书规模扩大，品种呈多样化，有手抄本、拓本、手稿本等，但仍以印本为主。书院藏书的目的是为师生提供研习之资，服务于其教学与学术研究工作，并形成了以公共性与开放性为主的特色。

2. 元代书院藏书规模

元代虽然是少数民族建立的政权，但是对先进的汉族文化尤其是书院制度，基本采取了保护扶持政策，书院藏书事业也在宋代基础上继续发展。大致以元武宗时代（1308—1311）为界，分为前后两个时期，前期以恢复调整为主，后期以发展进步为特点。

元代书院藏书的规模继续扩大，远远超过宋代。例如太极书院藏书 8000 余卷、伊川书院藏书 1 万卷、东庵书院藏书 1.9 万卷、锦江书院藏书 1 万卷，武昌南阳书院藏经史子集 8 架，河南许昌颍昌书院藏六经传注、子史别集以至稗官杂说达若干万卷。除此之外，藏书之数尚能确考的还有如下几所书院：一是浙江余杭的集虚书院，大德三年（1299年）时，院中"蓄书数千卷"。二是山东鄄城历山书院，是院为蒙古族官员和尚（珂别里伯牙乌台氏）三子千奴创建，程文海《历山书院记》只称其"聚书割田"，聘师教家中子弟及乡邻之愿学者。《元史·和尚传》则确指"聚书万卷，延名师教其乡里子弟，出私田百亩以给养之。有司以闻，赐额'历山书院'"①。三是河南许昌颍昌书院。郑元祐《颍昌书院记》载，该院为冯梦周所建，冯氏"平日捐金以购买之书籍，自六经传注、子史别集，以至稗官杂说，其为书凡若干万卷，亦悉归之书院，师生有欲借之者，则具姓名列书目，而以时谨其出纳。"冯氏之书由私藏而变为书院公藏，以供师生借阅，藏量数万卷，品种齐全。四是山西平定冠山书院，"藏书万卷"。五是陕西三原学古书院，邑人李子敬等捐钱五万缗建院，并"筑室储书"2500卷。元代书院藏书量平均数在万卷以上，较宋代高出一大截。与之后的明清两代比较，其规模也是空前绝后的。如果再和同时期的其他三大藏书系统比较，我们也不难看出元代书院藏书的规模优势。

3. 明代书院藏书规模

明代书院发展历程曲折，前期不受重视，后期屡遭禁毁。据统计，明代书院总数达1962所，其中新建1707所，修复255所。分布范围扩大，西及今甘肃、云南，北达今辽宁、吉林，仍以江西最多，广东、福建、浙江分居第二、三、四位。但是明代书院的藏书事业，与当年的书院盛势实不相应，呈现相对低平之态，宋元以来，书院藏书兴旺发达的势头尽失，再也见不到那样多孜孜以求的收藏之人，皇皇数十万卷的院藏之数亦不见于文献记载。

总体而言，明代书院藏书规模不大，例如岳麓书院7部、百泉书院26部275册、东林书院5部4套34册、虞山书院265部、共学书院27种713册、岘山书院万余卷、复真书院数千卷、静斋书院万余卷。明代来时熙所撰《弘道书院志》载院中考经堂藏书数千卷，《明史·李敏传》载紫云书院聚书数千卷。另有江西白鹿洞书院，可以找到连续的记载：明李梦阳《白鹿洞书院新志》卷八《书籍志》著录正德年间院藏图书83部1038册；明郑廷鹄《白鹿洞志》卷十一《白鹿洞学交盘册序》载，嘉靖二十一年（1542年）以前，院中计有图书121部，嘉靖

---

① （清）魏源. 元史新编［M］. 长沙：岳麓书社，2004：857.

四十五年（1566年）清点时计有172部；郑氏同书卷十六《白鹿书院续增书籍总目》著录嘉靖年间官员赠书68部353册，《白鹿书院类分书目》著录嘉靖年间所有现存院藏之书，总计176部1940册；明代周伟《白鹿洞书院志》卷三著录万历年间院藏图书188部2047册；明代李应升《白鹿书院志》卷十五著录天启初年（1621年）院藏之书197部1855本，以上白鹿洞书院藏书，从正德年间的83部，历嘉靖、万历而天启增至197部，发展虽然缓慢，但是总体呈上升趋势，这也是明代书院藏书发展的缩影，由此也可推知全国书院藏书规模概况。

明代书院藏书规模不大主要有两个原因：首先，明代的统治者推崇科举制度，书院受其影响，藏书面相当狭窄，主要是些应付考试的通用教材；其次，理学家王阳明、湛若水二人标榜"心学"，重悟性而轻积累，钟情于书院的讲学、会讲，不太讲求藏书，以至于学生们终日空谈心性而不读书，藏书也就越来越不被重视。

4. 清代书院藏书规模

清代书院藏书经历二百余年时间，大致可分为前、中、晚三个时期。前期历经顺治、康熙、雍正三朝，是书院藏书摆脱明代低迷状态，走上振兴之路的重要时期；中期历经乾隆、嘉庆、道光三朝，是书院藏书大发展时期；后期历经咸丰、同治、光绪三朝，是书院藏书承前启后开始近代化进程的时期。

清代中期由于书院繁荣发展，生徒众多，对书籍的需求量增大，藏量与日俱增。据文献统计，清代122所书院的藏书数目，有33所书院属于这一时期入藏的，占总数的27%。其中福建福州鳌峰书院在康熙年间藏经籍460余种数万卷的基础上，嘉庆年间藏书增至863部22879卷，道光年间续增书106种6850卷；河南开封彝山书院，道光二十二年（1842年）院长史致昌捐书90种，内有河南各府、州、县志84种；湖南长沙岳麓书院，嘉庆二十五年（1820年）巡抚李尧栋购置"官书"387部10054卷；四川温江万春书院，乾隆十年（1745年）贮存"钦定"经书数十套；甘肃山丹仙堤书院，道光十二年（1832年）知县黄璟贮存图书16种100册，凡此等等，都可体现出当年的书院建设者们为购置图书所作出的不懈努力，反映出书院藏书的繁荣兴旺。

总体而言，清代书院藏书的特点主要表现在以下几方面：

（1）藏书分布广

书院藏书受到普遍重视。藏书和讲学、祭祀被称为书院的三大事业。到清代，人们则认为图书和师长、膏火同样重要，三者缺一不可。凡建书院则谋求藏书，这在当时已成为共识。据统计，各地藏书确有数目可考的书院就有百余所之多，超过唐、宋、元、明四代总和。从地域上看，在19个省都建有书院，最东的为今台湾鹿港文开书院，最南的为今海南澄迈天池书院，最西的为今云南腾冲来凤书院，西北角上的为甘肃山丹仙堤书院，最北的为黑龙江齐齐哈尔的卜魁书院。

（2）藏书管理严格，自成体系

书院的藏书管理包括资金筹措、图书征集、登记、编目、借阅、赔偿、保管等各个环节，对后世的藏书建设有一定的借鉴作用。

① 购求藏书渠道广泛。书院利用各种渠道广泛征集书籍。从来源上看，主要有朝廷赐书、书院募集、接受捐赠、自行刊刻等方式。用公银为书院购书是清代特有的一种御赐方式。乾隆元年（1736年）议准，各督抚于省会书院，应将《十三经》《二十一史》诸书，购买颁发，令士子熟习讲贯。"其动用存公银两，仍报部查核。"① 即由各省购置书籍送到书院，统一汇总报销。各省督抚不时动用公银为书院添购书籍，充实了书院藏书。另外，朝廷出于思想统治的需要，主动赠送图书给各地书院，所赠图书，一般都是御纂、钦定或官刻正经正史书籍。书院作为地方教育基地，也会多方动员当地官员捐赠图书，或动员本地在外做官者捐赠图书。书院山长是学术上有地位的学者，也通过多种渠道募集图书。书院自刻书籍大多为本院学习、讲学所需参考之书，有些则是本院学者自著之书。清代，一些书院刻书已有营利性质，通过经营书籍，作为书院经费来源之一。这些自刻书籍，在一定程度上也充实了书院藏书。

② 认真登录，按类分书，编辑藏书目录。搜集到图书后，书院及时登录，详细注明来源、收购日期、卷册数，书目积少成多后，随时发布。立即登录，保证藏书的完整性，便于反映藏书概况，也易于查找；随时发布，可以表示对捐书人的表彰和感谢，并对学生们广而告之，以便于学习利用。乾隆年间完成的《四

---

① 朱汉民，邓洪波.岳麓书院史［M］.长沙：湖南教育出版社，2013：320.

库全书总目提要》对书院藏书产生了深刻影响，多数书院藏书按经、史、子、集四部分类排列。相当多书院都编写了藏书目录，如《岳麓书院新置官书总目录》《安徽芜湖中江书院藏书目》等。清代书院藏书目录被大量编辑、刊印，流传至今还能辑录到的就有 66 种之多。

③专人管理，保管借阅制度完备。文正书院规定藏书"立斋长以专责成，所藏书籍，整齐卷页，谨守管钥，统归经理，无事不得擅离，有事回家，须禀明山长，择人庖代。每逢夏季六月，在书院检出曝晒，必亲自监管，以防遗失"。[①]此外，大梁书院则有"司书吏"一人，经管书院书籍管理与使用。也有在学生中选择人员管理的，白鹿洞书院管书者又称"管干的"。

书院藏书一般为就室借阅，也允许借回家中阅读。在借阅方法上，规定了借阅日期、卷册数，借书时必须当面点清，如有残破或污损，勒令限期补齐或赔偿。对随意圈改点评者，以后不予借书；在借阅内容上，规定哪些书可借，哪些书可在阅览室内阅读，哪些书不借。例如，《中国古代藏书事业》记录中江书院："《史记》《汉书》《三国志》及各种类书，只准偶尔翻查，不准借出。""至于孤本、抄本，尤不准借。"[②]借书手续是：生徒阅书院藏书楼目录，确定某书有无，然后填写于阅书簿上，取得书籍后，记明某月某日取某书几卷几本，下面书押借书者姓名和斋长姓名。还书时，司书吏记明某书某日交还。一次只许借书一种，不超过五卷，十日为期。有些书院借书出院，需具保呈县，由县付条至斋长处取书，还书时，凭斋长给条至县销结。这是作为特殊情况处理的。书院每年年终催书，无论用完与否，都得归还，每一季度，司书吏要将阅书簿呈监院官审阅，年终还要送山长审阅。

二、古代书院藏书种类

1. 儒学典籍

古代书院藏书经、史、子、集四部皆备，其中以儒学典籍占主导地位。书院

---

① 李希泌，张椒华.中国古代藏书与近代图书馆史料·兴化文正书院藏书凡例［M］.北京：中华书局，1982：76.

② 柴美丽.中国古代藏书事业［M］.呼和浩特：远方出版社，2016：196.

的繁荣同理学的发展密切相关，宋、元、明、清各代书院大部分都是研究和讲解理学的教学和研究机构，所以理学家提倡的儒家经典也就理所当然地成为书院的主要藏书。另外，各朝赐书一般也是御纂、钦定和官刻的正经类书籍。这部分图书如《大学》《中庸》《论语》《孟子》等"四书"和《诗》《书》《礼》《易》《春秋》"五经"。这些书成了历代书院通用的教材。

作为对儒家思想阐释的宋明理学大师的著作、讲义、语录、注疏等，也成为书院的重要藏书，如反映周敦颐思想的《太极图说》、记录程颢讲学言论的《明道学案语录》和记载程颐讲学言论的《伊川语录》，都是书院学生的重要学习材料。南宋以后，朱熹的《小学集注》《近思录》和《朱子语录》以及陆九渊的《语录》，也都列为书院的重要读物。明代以后，记录王守仁与学生论学问答之语的《传习录》和湛若水的《心性图说》也曾是书院讲解的重要内容。如清朝康熙时期安徽安庆敬敷书院藏书中，就有《朱子语类大全》《朱子文集》《朱子经济文衡》《朱子注解小学》等。

除了上述儒学著作之外，书院藏书会因各个书院的教学内容、学术流派、地域位置的不同而有所差别，或致力于辞章，或致力于小学，或致力于经济，或偏重于采纳地方著作，各具特色。如清代四川彭县的九峰书院，教材中就有《明史》。

2. 学者著作

书院是学者讲学之所，这些学者都各自属于不同的学派，为了发扬光大本学派，有关自己学派的图书，学者自然会收藏到书院藏书楼里，并且作为重点收藏。学者名师个人的著作、讲义、语录等，都是书院生徒的重要读物，也是书院刊刻的重要书籍。这些学术成果的刊刻，受到了历代书院主持人（如"洞主""山长""堂长""院长""教授"等）的重视。

另外，书院经费来源主要是学田所缴赋税，同时还有中央和地方政府的资助，经费较为充裕。因此，刻书事业比较发达。例如，宋代丽泽书院刻印的大字本朱熹《四书集注》69卷；建安书院刻印的《晦庵先生朱文公文集》100卷，《续集》10卷，《别集》11卷；龙溪书院刻印的陈淳《北溪集》50卷，《外集》1卷；竹溪书院刻印的方岳《秋崖先生小稿》83卷等，这些都是著名学者的代表作，而且部头较大，没有充足的经费是难以刻印刊行的。

　　明代学者的私人文集也在书院刻印。如藏山书院所刻《金粟斋先生文集》，云丘书院所刻《双江聂先生文集》，大梁书院所刻《铁崖先生文集》等。

　　清代书院刻书风气更为盛行。乾隆年间，原白鹿洞书院生徒王岐瑞编成《朱子白鹿书院讲学录》付梓。刘熙载主讲龙门书院 14 年，其著作有《四音定切》4 卷、《说文双声》2 卷、《说文迭韵》2 卷、《持志塾言》2 卷、《艺概》6 卷、《昨非集》4 卷。这些著作，都是他晚年在书院自行刊刻的。

　　清代晚期的广雅书院，刻书 178 种 2096 册，计 5746 卷，均为历代学有专攻的著名学者的学术著作，如宋代王溥的《五代会要及校勘记》《唐会要》，徐天麟的《西汉会要》《东汉会要》等，明代学者王应麟的《少室山房集》，王世贞的《弇山堂别集》等，清代顾炎武的《天下郡国利病书》，钱大昕的《廿二史考异》《诸史拾遗》《元史艺文志》《元史译文证补》《宋辽金元四史朔闰考》等。书院刊刻的这些书籍全部收藏在书院藏书楼中。

3. 生徒论文

　　书院教育提倡生徒自学、独立思考，很多书院提倡学生做札记，每日将专精和涉猎某书某篇的学习心得记于册上，在时机成熟的时候刊刻出版。这也成为书院藏书的一大种类。

　　朱一新为广雅书院院长时，曾将学生的考核问答之辞加以整理，印成《无邪堂答问》5 卷并作序。有的书院甚至还将学生的读书日记加以整理，刊印成书。如苏州正谊书院刊印的《学古堂日记》和陕西关中书院刊印的《志学斋日记》。岳麓书院、诂经精舍等还刊刻过学生的论文（课艺）集，如《岳麓书院课艺》《诂经精舍集》等。《诂经精舍集》8 集，内容为学生论文集，计 2000 余篇。

　　书院藏书继承前代传统，主要供院内生徒使用，比国家书库和私人藏书楼的服务对象更加广泛，体现了书院藏书的教育性和社会性。书院藏书在学习参考、书目利用、阅读指导方面积累了丰富经验，值得我们借鉴。

第三节 古代书院藏书来源

中国古代藏书类型主要有三种：一是官府藏书，二是私家藏书，三是书院藏书。三种藏书的来源各不相同：官府藏书主要来源于继承前代遗产和向民间征集，所谓"勒之以天威，引之以微利"；私人藏书大多依靠个人购买与抄书；而书院藏书的主要来源则是捐赠、购置和刊刻。具体来说主要有以下几种情况：

一、各方捐赠书籍

这是书院藏书的最主要来源。向书院捐赠图书是历代的传统，尽管捐赠图书的多少不等，捐赠的目的各异，但都为丰富书院藏书做出了重要贡献。

1. 朝廷颁赐

所谓朝廷颁赐，包括历代皇帝亲赐予皇帝命各地官府颁发。书院往往思想比较自由，统治者为了控制文人士子的思想，也为了笼络人心，经常赐书给书院。朝廷颁赐一直是书院藏书的来源之一，虽然数量不多，能够得到赐书的书院也不多，但社会影响力却是不容小觑，能够带动社会各界对书院的关注。

朝廷赐书多为代表正统思想的御撰、钦定和官刻的经史类图书。宋代著名的四大书院都得到过皇帝赐书。北宋太平兴国二年（977年），知州周述奏请朝廷，请赐白鹿洞书院《九经》，朝廷准奏并且命官员运送所赐图书至书院。淳熙八年（1181年），朝廷第二次赐白鹿洞书院国子监经书。御赐主要有两种形式：一是政府主动赐书。戴均衡《桐乡书院四议》记载，宋太宗、真宗之世，凡有书院建立，有关部门必主动赐书。北宋至道二年（996年），朝廷赐嵩阳书院院额及印本《九经书疏》，真宗大中祥符三年（1010年）又赐《九经》。《皇朝文献通考》卷七十一记载：乾隆皇帝对他南巡经过的江宁钟山书院、苏州紫阳书院、杭州敷文书院，各赐武英殿新刊《十三经》《二十一史》一部。《（光绪）安徽通志》卷九十二记载：乾隆元年（1736年）命各省督抚动用公家银两，购买《十三经》《二十一史》诸书，颁发给省会书院，令士子学习之用。二是书院疏请赐书。如北宋咸平二年（999年），湖南岳麓书院的李允上疏奏请朝廷赐书得到准许，结果皇帝赐予《九经义疏》及《史记》《玉篇》《唐韵》等5种图书，大中祥符八年（1015年）又增赐中秘书。清康熙五十五年（1716年），赐给福建鳌峰书院经书 8 部，御书经法帖 1 部，御书《渊鉴斋法帖》10 册。

2. 官吏捐赠

地方官吏为了博取文雅，以正教化，常常捐书给书院。书院有时也出面向官员、地方乡绅募集图书。如安徽中江书院的《募捐书籍并藏书规条》，白鹿洞书院、岳麓书院等也都有类似条文。这种捐赠从宋代到清代一直延续不断。南宋时，朱熹将自己所藏《汉书》44 部赠送白鹿洞书院，以备学者阅读。清代康熙年间，学使王思训捐资购买经、史、诗、文数千卷赠给南昌豫章书院；雷州知府黄锦赠书 5000 余卷给雷阳书院；福建布政使司吴荣光捐书千余卷给凤池书院等。

3. 社会赠书

书院的实质是一种私立学校，其藏书往往靠书院主持者的私谊来获赠。《岳麓书院史略》载：咸丰初年（1851 年），太平军攻打长沙，书院藏书荡然无存。战后，院长丁善庆积极着手恢复藏书，带头捐献《御制日讲四书解义》《御定佩文韵府》《十三经注疏》《困学纪闻》等书 862 卷，在他的带动下，士绅学士纷纷捐献。私人赠书因捐赠时间和捐书者个人地位、学术水平、兴趣爱好等不同，而显得丰富多彩。一些书院创建者常把自己的书籍捐给书院，借此延师聚徒。《商丘的考古发现与初步研究》记载："宋大中祥符三年（1010 年），邑士曹诚建应天书院学舍 150 楹，聚书 1500 卷。"[①]

以上三种捐赠形式，为丰富书院藏书做出了较大的贡献，这也是古代书院得以发展的重要条件。

二、书院购置、刊印和抄写图书

1. 购置书籍

书院购买图书的类型比较广泛。从购书版本上看，包括殿版书、官局刻本、私人坊刻本及稿抄本等；从购书途径上看，或购之于公，或购之于私，有些地处偏远、无从得书的书院还派人去江南等处求书，如明代弘治中署知府胡光，将云南蒙化僧寺改建为明志书院后，马上派人从江南、中州购买图书，贮于藏书楼内；

---

① 郑清森. 商丘的考古发现与初步研究［M］.北京：中国广播电视出版社，2005：13.

从购书内容上看，注意图书的价值，有重点有选择地搜集图书。书院购书还注意到复本问题并严加控制。另外，书院在一定程度上注意到购置图书的地方性，注重收藏地方文献，各地方政府所办的书院，都藏有大量的地方志。书院藏书服务于教学，一般不会购买巫医、卜卦、种树之类的书籍，也不像藏书家那样刻意追求版本齐全或古稀版本，而是根据自身需要和经济条件，围绕教学内容有选择性地购买。

2. 刊印书籍

宋代发明的雕版印刷术，促进了知识传播和文化进步。书院又是文人学者聚集之处，经费充足，校勘严谨，因此书院刊印书籍质量上乘，刻书成就斐然。如南宋丽泽书院所刻司马光《切韵指掌图》，严州钓台书院所刻《通鉴纪事本末》，均为宋代书院刻书的典范。元代书院刻书势头更猛，刻书多且不乏善本，如西湖书院刻《文献通考》、广信书院刻《稼轩长短句》、宗文书院刻《五代史记》、东山书院刻《梦溪笔谈》、梅溪书院刻《韵府群玉》、建安书院刻《蜀汉本末》、南山书院刻《广韵》、雪窗书院刻《尔雅注》、圆沙书院刻《新笺决科古今源流至论》等等。这些书从校勘质量、书写上版、雕刻刀法、纸张用墨各方面都令人称道，是元代雕版印刷技术先进水平的代表之作。

明代书院刻书以白鹿洞书院、崇正书院、东林书院等为著名，特别是无锡东林书院的藏书刻书，多是经世济国之书，为海内学人所推崇。清代书院刻书达到了历史的最高潮，其中以广州的广雅书院、学海堂书院，成都的尊经书院等为著名，它们刻印的书籍，不但补充了本院藏书，而且畅销全国。

3. 抄写书籍

南唐时刘式在白鹿洞书院读书时，曾手抄《孟子》《管子》等书。唐代洛阳集贤殿书院抄书 2 万卷，宋初的书院有手抄经文的日课等。不过，抄写书籍只是一种拾遗补阙的做法，是书院藏书来源中很小的一部分。

第四节　古代书院刻书活动与书院藏书关系

一、古代书院刻书活动

古代书院刻书以丰富的藏书为基础，以学术研究为目的，同时受外部环境和内部因素的推动与影响。

1. 外部环境

雕版印刷技术的发明和发展使出版活动变得更加便利，书籍数量与日俱增，书院不仅扩大了藏书量，而且借此刻印书籍。宋版书中的"书院本"就是专指书院所刻书籍。如丽泽书院重刻司马光的《切韵指掌图》2 卷；象山书院刻袁燮的《家塾书抄》12 卷；龙溪书院刻《陈北溪集》50 卷；建安书院刻《朱文公文集》100 卷，续集 10 卷，别集 11 卷；竹溪书院刻《秋崖先生小稿》；龙川书院刻《陈龙川先生集》《纂图互注春秋经传集解》；鹭洲书院刻《汉书集注》《后汉书集注》等。

元代书院发展速度较快，据曹之先生考证，元代书院刻书见于记载者有 36 部[1]。

明代万历年间是书院刻书的高峰期，其中如北京首善书院、江苏东林书院等，刊刻了当时讲会的《会语》，广为流传，对当时知识分子影响很大。明中叶以后，王阳明心学传播迅速，与当时书院刻书的流布有极大的关系。

清代，书院的出版功能得到进一步强化，刊刻图书成为大规模经常性的活动，形成了正谊堂、广雅书局、桂垣书局、尊经书局、南菁书局、经苑、味经刊书处等闻名全国的书院专门出版机构。

2. 内部因素

从内部因素来看，书院的鼎盛时期也是我国古代学术研究的繁荣时期，宋代理学和书院并起，明代心学和书院同盛，清代汉学复兴使训诂考证之学兴盛。由其性质决定，书院刻书与政府官刻、书坊刻书及私人刻书之间有联系亦有区别。它既有内容的广泛性，包括经、史、子、集、丛诸部，又有较强的针对性，即重

---

[1] 曹之. 中国古籍版本学［M］. 武汉：武汉大学出版社，2015：251.

点为本书院师生学习研究使用，所以很少刊刻御纂制书，也几乎没有面向民间的农桑卜算、阴阳杂家、启蒙读物以及戏曲、小说类的文艺作品，而主要集中刊刻学术性著作，尤其看重师承学派，讲求自成一家之言。著名学者顾炎武在论及此时说道："书院之刻，有三善焉：山长无事而勤于校雠，一也；不惜费而工精，二也；不贮官而易印行，三也。"①一语道出了书院刻书的真谛。

3. 书院刻书类型

具体而言，书院所刻书籍可分为以下五种类型。

（1）刊刻书院师生读书札记和研究成果。如《朱子语类》一百四十卷为朱熹与其弟子问答的语录汇编，由其弟子的课堂笔记编辑成书；又如苏州正谊书院设日记一门，每日所读书籍的心得，和疑惑都记录在日记上，《学古堂日记》就是正谊书院学古堂师生日记的汇编；关中书院也刊有《志学斋口记》；岳麓书院多次刊印过书院学生的论文集，以《岳麓书院课艺》《岳麓书院课文》《岳麓会课》等名目刊行。这些书籍都成为书院藏书的重要组成部分。

（2）刊刻书院教学所需名家读本和注释本，作为阅读参考书籍和范本。如朱熹专门为《大学》《中庸》《论语》《孟子》四部儒经作注，成为南宋时期书院的主要教材，南宋以后更演变为各级学校及科举考试的指定参考书。又如清代刊印经籍之风极盛，在以经史训诂为主的书院中，刊印各种经籍更被视为必作之工。阮元创建的杭州诂经精舍和广州学海堂在这方面做出了重要贡献。杭州诂经精舍刊有《诂经精舍文集》8集，广州学海堂刊印经籍最多，如《学海堂经解》，包括清代经师注疏的书籍180种，共1400卷；《学海堂文集》四集，共90卷，收集了500人的著作。

（3）刊印历史上重要的丛书和文集。如广雅书院设广雅书局，刊印《广雅丛书》，把唐宋以来的史部书籍大部分都囊括在内，搜辑堪称完备。另外，广州菊坡精舍刊有《菊坡精舍文集》，南昌经训堂书院刊有《经训堂书院文集》，四川尊经书院刊有《蜀秀集》等等。

（4）刊刻历代先儒大师的学术巨著和本院山长等人的名作，其目的在于将这些学术性著作流传于世。如宋建安书院刻有《朱文公文集》和《续集》，龙溪书

---

① 王欣夫.文献大学讲义［M］.上海：上海古籍出版社，2005：117.

院刻有陈淳的《陈北溪集》，竹溪书院刻有《秋崖先生小稿》，豫章书院刻有《豫章罗先生文集》，屏山书院刻有《止斋先生文集》，龙川书院刻有《陈龙川先生集》，等等。又如岳麓书院末任山长王先谦，在经学、史学、文学、宗教学诸领域颇有建树，经其编选的著作有 2000 多卷，修撰的著作有 1000 多卷，皆刊刻传世。

（5）刊印有关自身历史的志书。如岳麓书院分别于清康熙二十六年（1682 年）、同治六年（1867 年）、同治十二年（1873 年）刊刻了《岳麓书院志》《岳麓书院续志》《岳麓续志补编》；道光年间欧阳厚均又主持刊印了《岳麓山长传》《岳麓诗文钞》等，给后人留下了弥足珍贵的研究史料。

书院刊印之书不仅入藏本院藏书楼惠及师生，而且为其他各书院的藏书楼提供了丰富的藏书。例如清代台湾鹿港的文开书院拥有图书 2 万余部，30 余万册，若以一般书院每册 3 卷左右的概率计算，将近 100 万卷，其藏量之巨，在中国书院藏书史上极为罕见。

清代后期，随着封建制度趋于没落，书院也完成了它的历史使命，但是历代书院的藏书和刻书活动，在我国古代教育史乃至藏书史和出版印刷史上都具有不容忽视的意义。

二、书院刻书与藏书的关系

1. 书院刻书是藏书的重要来源

陕西味经书院藏书规模在当时属全国一流，清光绪二十八年（1902 年）藏书已达 1750 种 15012 卷，其中很大一部分来自书院刻书。清光绪初年（1874 年），味经书院求友斋曾刻印儒家经书读本及数学、几何、社会教化等方面的图书，如《诗义折中》《春秋大事表》《易经读本》《诗经读本》《梅氏筹算》《平三角举要》《养正遗规》《教女遗规》《训俗遗规》《豳风广义》等，但仍然不能满足社会需要。光绪十七年（1891 年）八月，陕西提督学政柯逢时在书院设立刊书处，以院长总其事，以监院局董事负责账务和刊印之事，从事大规模的书籍刻印。"刊书为陕省千百年未有之举，千百士取益之资，所关甚巨，故首择人，得人而理。各任其勤，故专责成次之，校雠之善为有益于古书，校雠之精实足觇士所学，故严校雠次之；镌刻之初经史为急，镌刻之势积渐始成，故限镌刻次之；鸠工居肆，良莠不齐，漫无纪纲，弊生内债，故立条规次之；雕成善本，藏直名山，日积月增，阁架林簇，故建房屋次之。"①当时的味经书院，设"刊书斋长"主管刊印书籍，每年有经费 240 两银子，其中三分之一刊经史典籍，三分之一刊时务书籍。刻书以《十三经》《二十四史》为主，旁及《资治通鉴》《通典》《通志》《通考》等一切子集掌故有用之书。刘古愚任味经书院山长时，认为算学是学习西方轮船、枪炮制造、电报、化学、医学、地矿等"各学之门径"，故刻印了《梅氏筹算》《平三角举要》等书，亲自撰写序言。《天演论》一书最早由陕西味经书院于 1895 年刊印，该书现藏陕西省图书馆。味经书院也注意刻印陕西的地方书籍，如书院刊刻了《蚕桑备要》《豳风广义》等。味经书院刊刻的图书报刊至少每种藏一本（份）于藏书楼，根据《味经书院刊书处办法章程》记载，每书先印 52 部，1 部交院长，1 部留书院，其余发售。

四川尊经书院也刻印了大量书籍，成为该院藏书中的重要组成部分。尊经书院在创办初期，主要刻印一些经史文字类图书，除去《书目答问》《輶轩语》外，大部分是重刻本，如《史记》《汉书》《后汉书》《三国志》等。光绪四年（1878 年）底，四川总督丁宝桢聘请经学大师王闿运担任尊经书院院长，书院刻书活动进入快速发展时期。次年六月，书院附设尊经书局，刊印经史著作、学生课卷等，经费由政府拨付。戊戌变法时期，尊经书院刻印了变法维新类书籍，如《天演论》《原富》《法意》，出版《蜀学报》等。尊经书院刻印书籍有 100 余种，书板数万片，其中经部 44 种、史部 22 种、子部 7 种、集部 24 种、丛部 2 种。

尊经书院刻印的经部书主要有：陆德明撰《经典释文》31 卷，张之洞撰《书目答问》5 卷，张之洞撰《书目答（附輶轩语）》6 卷，万廷兰编《十一经初学读本》10 卷，段玉裁注《说文解字段氏注》32 卷，王筠撰集《说文解字句读》30 卷，龙启瑞撰《古韵通说》20 卷，王闿运撰《古文尚书》《尔雅注疏》，王闿运注《夏小正王氏注》1 卷，王闿运补注《四书大全补注》1 卷，王闿运笺注《礼记笺》46 卷，王代丰撰《春秋例表》（1881 年）不分卷，张澍撰《读诗抄说》4 卷，另外，尊经书院还刻印了刘岳云的《四川省城尊经书院讲义》（1896 年）。

清光绪元年（1875 年）张之洞捐出银两从外地购买经、史、子、集各类图

---

① 苏晓君纂.苏斋选目［M］.北京：中国经济出版社，2013：136.

书 200 余部 1000 多卷捐赠给尊经书院。后来尊经书院还收藏了中西时务书报、挂图、标本、仪器等。以卷数统计，刻书占书院藏书的一半以上。

2. 书院藏书是刻书的基础

书院多方搜集书籍的结果，使一些著名书院的藏书富甲一方，社会上少有其他机构能出其右。西湖书院藏书丰富，不但数量多，而且质量一流，其中有许多善本和珍本，如流传后世的宋刻本《咸淳临安志》，就是西湖书院的"院本"。宋代著名藏书家与文献学家叶梦得在评价当时各地刻书时说："天下印书，以杭州为上，蜀本次之，福建最下。"西湖书院藏书，无论是刻工、用墨、纸张、印刷都是第一流的，而且校勘精细，这是其他书院无法比拟的。

更具特殊意义的是，西湖书院收藏了南宋国子监刻书的雕版，数量可观，质量上乘，经、史、子、集四部 20 余万块，3700 余卷。计有：经部 49 种，约 1100 卷，其中包括《易》《诗》《书》《周礼》《尔雅》等；史部 35 种，约 1600 卷，主要有《史记》《刑统》《资治通鉴》《唐六典》等；子部 11 种，近百卷，主要有《颜子》《列子》《扬子》《武经七书》等；集部 24 种，约 900 卷，主要有《韩昌黎文集》《苏东坡集》《宋文鉴》《文选六臣注》等。除雕版外，西湖书院还存有宋高宗赵构御书的《易》《诗》《书》《左氏春秋》等 700 种经文石刻与孔门七十二弟子石刻画像等。

丰富的藏书和南宋国子监遗留雕版为西湖书院自刻书籍提供了便利，书院特设专门的印书作坊刻印古籍。元代西湖书院在刻印书籍方面取得了巨大成绩。

第一，修复补刻了南宋国子监本书板。西湖书院先后多次对院藏的南宋监本书板进行修补，"凡书板之别缺者补治之，舛误者刊正之，有所未备者增益之"。延祐六年（1319 年），江浙廉访使周德元"补刊书板"。至正十七年（1357 年），尊经阁失修，书库亦倾圮受损，时任江浙行省平章政事的张士信对尊经阁进行了修复，同时组织人员对"六经板籍重加修补"。因藏书楼在前几次修缮时，"书板散失埋没，所得瓦砾中者往往删毁虫朽"，张士信在至正二十一年（1361 年）十月至次年七月，对院藏的宋监本板片进行大规模修补。重刻经、史、子、集板片 7893 块，3436352 字，缮补各书损毁漫漶板片 1671 块，211162 字。这次修补活动共耗费粟 1300 石，木头 930 根。参加的书手、刊工有 184 人，除了书院山长沈裕外，还聘请了余姚州判官宇文桂、广德路学正马盛、绍兴路兰亭书院山长凌云翰等人对读校正，并将书板依次类编，藏之经阁。

第二，主持刻印了《元文类》和《文献通考》等书籍。元代刻书除官刻外，其余很多刻书任务由各级行政机关下达给各路儒学和书院刻印。《元文类》就是官方下达给西湖书院的刻书任务之一。元朝人苏天爵编的《元文类》，又称《国朝文类》，是元代的一部诗文总集。书中辑录了诗文800余篇，其中诏制、奏议、碑传、行状230余篇，对研究元代历史具有重要史料价值。该书编成后，由政府交由西湖书院刻印，于至正二年（1342年）完成。西湖书院还曾两次刻印马端临的《文献通考》，第一次是在泰定元年（1324年），另一次是在至元元年（1335年）。此外，至正二十三年（1363年），还刻印岳珂《金陀粹编》28卷和《续编》30卷，程文的《蚊雷小稿》1卷和《师音集》《黔南生集》等。

西湖书院刻印书籍规模之大，由此可见一斑。西湖书院在我国古代书院刻书史上占有举足轻重的地位。

第五节　晚清开始的书院藏书"图书馆化"

清代晚期，随着西学东渐进程加快，书院藏书无论在种类上，还是在编目与借阅制度以及管理制度等方面，都出现了图书馆化的趋势。在书院改为学校之后，书院藏书楼变为相应的图书馆，其藏书也转变为新式图书馆的馆藏，并加以利用，这些都是晚清书院藏书图书馆化的必然结果。具体而言，晚清书院藏书"图书馆化"主要表现在以下四个方面。

一、藏书种类图书馆化

鸦片战争爆发之后，中国开始了近代化进程。这个进程主要经历了从译书到学习西方的科技知识、制度文明、伦理精神的过程。这一西学东渐的进程，都是以书为中心的知识传播与普及。同时，面临亡国灭种的危险，晚清社会出现了教育救国的思潮，而作为旧式教育主体的书院则首当其冲。这一情况导致了中国旧有藏书品种的重大变化。

越来越多的书院逐步引进西方教程，聘请西学教师，购置西学仪器，藏书品种日益丰富，由专藏经史典籍变为兼收新学时务书籍。比如，王韬主办的著名的上海格致书院，就是较早引入西方教育，并辅之以翻译并收藏西方书籍的书院。《上海格致书院藏书楼书目》记载：院中陈列旧译泰西格致书，各种史志，上海制造局新译诸书，各处旧有及续印新报，西国文字，各种格致机器新旧之书，格致机器新报，机器新式图形，以便开心益智，广见博闻。又如中国中部地区的河南开封大梁书院，以前医卜、星象相及一切技艺之书，均未购置，即使间有一二种，也因列入丛书未能剔除。其书院的藏书即使在传统社会，种类也极为有限，比较落后。但是，随着中国西学东渐的近代化进程，其藏书所涉及的领域逐渐扩展到数学、地理、外国军政、商务、铁路、工程、化学、物理、煤矿、天文、植物、英语、法语、日语等等。在湖南，士绅官员一起行动，争相为书院添置新学书籍，呈现出另一番景象。湖南巡抚陈宝箴提倡新政，购发《时务报》给各书院，并饬各州县订购《湘学新报》，所以湖南的书院藏书大都增添了报刊这一新品种。光绪二十三年（1897年）熊希龄与蒋德钧等人集资千缗，购办西学书籍24箱，每箱120种，捐置岳麓、城南、求实三书院及各府厅州县书院。这些书包括数学、物理、政治、经济、工程、医学、军事等方面。至于沿海地区广州的广雅书院，其藏书量高达10万卷，其中有日本刻本（亦称和刻本）《佚存丛书》1部、日本游天园刊本《贞观政要》10卷、日本白莲社刊本《一切经音义》100卷、日本翻刻本《钦定西清古鉴》40卷，并有万木草堂拨存于书院的书籍，其中包括西学与时务书籍。

总之，在西学东渐的过程中，不论是沿海发达地区，还是内陆的中部地区，不论是成名已久的书院还是新建的书院，它们的藏书种类逐渐变得丰富和专业，达到我国古代藏书发展的顶峰。

二、编目制度图书馆化

随着书籍数目与种类的增加，编目整理变得尤为重要。晚清书院通过社会捐助、自己购置等途径得到图书后，一般要经过整理编目的环节才会与读者见面。目录要详细注明书名、卷数、册数、函数、部数、图书来源、收购日期等内容，然后加盖藏书章，分类上架，以便查阅。例如，岳麓书院就规定"新收者，或系颁发，或系征取，俱于各书名下，注明几卷、几本、几套，系某年月日收到字样。内捐置及购买者，除照前注明外，并添注何员何人捐购字样"。这样登记之后再加盖"岳麓书院监院"钤记，首尾两页则盖"岳麓书院藏书"图记。安徽《中江书院尊经阁藏书目》记载，"远近官绅颁发捐送书籍，随到随登录"。加工之后便是编制藏书目录为读者提供查检工具。书院藏书目录一般分经、史、子、集四部，晚清因藏书品种增多，部类也增多。如上海格致书院藏书目在经、史、子、集的基础上就增加了卷五丛书目、卷六东西学书目。1904 年顾璜编《大梁书院续藏书目录》[①]时将图书分为经、史、子、集、丛、算、时务七类。

传统书院自元代开始编纂藏书目录，这项工作一般在书籍藏量增加到一定程度后才进行。晚清书院受西方图书馆理念和管理流程影响，出于方便阅读、服务大众的目的，编目工作成为图书上架之前的基础，其作用与传统书目编纂工作已有天壤之别。

三、借阅制度图书馆化

首先，读者群扩大，许多书院的藏书楼都不同程度地面向社会开放，读者不再限于书院师生。厦门博闻书院规定除"工匠、仆役及粗俗、轻浮、下贱之人"以外，"厦地仕宦、绅商文雅之士"皆可领取"执照"之后入院阅览。益阳箴言书院规定"凡院外之人愿读某书者，自具薪水蔬油来院，呈明监院，限以日月而借之"。南京惜阴书院借书局则向"本籍士子无书者开放"院内藏书，但官员例外，"凡一切大小文武现任、致仕官员，并外来侨寓仕宦，概不准借"。颇有不媚上之个性。这对贫寒之士无疑是雪中送炭。上海格致书院则是"凡遵约登楼观书者"都欢迎阅看藏书。

其次，设有专门的阅览室，定有较完备的借阅制度，对开放时间、借阅期限、借书数量、借阅手续以及图书的遗失、破损的赔偿等都有成文的规定。例如，湖南时务学堂就有专门的阅览室，"购备各种书籍，多置看书桌几，凡外课附课生欲观者，准其入内流观，然须向馆堂领一凭单，由管堂人验过，指书送阅，惟不

---

① 任继愈.中国藏书楼［M］.沈阳：辽宁人民出版社，2001：1845.

得污损，并携带出外。"岳阳、慎修两书院规定借书数量最多为十本，其借阅手续是这样的：先在负责管理书籍的斋长处登记，再出具写有何时归还（一般按一日阅看十页的速度计算时间）的领条，在斋长处领取。院中斋长二人，住居楼下，随时经理，于登记目簿外，另行刊备借书簿一本，盖用监院钤记，凡院生领书，以及山长借看，均须令其亲笔登簿，生童领书，出具领条，须载明若干日看完字样，向斋长领取。无论何书，至多以十本为度，随即点明某本若干页，每一日约看十页，扣日立定界限，无论是否看完，定令如数缴还，以便他人领看。上海格致书院明文规定开放时间且相当长，其《上海格致书院藏书楼观书约》规定开放时间为"每日午后二句钟起至五句钟，晚刻七句钟起至九句半钟止，礼拜日停阅，每年正月二十外开楼，十二月二十内闭楼，停夏一月，均预期登报周知。"[①]浏阳洞溪书院则五天开放一次，领书期为斋外限每月初一、十五日，斋内限以每旬逢一五日，经管人如期守候收发。与现代阅览制度相比，以上规定略显苛刻，但是其藏书由书院向"图书馆化"转变的趋势已十分明显。

　　总之，书院注重藏书利用，通过外借、到馆阅览提高图书的利用率，藏书"用"大于"藏"，并且系统地总结出一套图书管理方法，为近代图书馆发展提供了借鉴。

四、藏书管理制度图书馆化

　　除了编目与借阅制度之外，书院的藏书管理制度也出现了相应的变革。晚清书院藏书楼一般都配有精干的专职管理人员，且职责分明，工作效率较高，图书的损失也相对减少了。比如，湖南著名的岳麓书院御书楼，设"监院"一名，专门负责管理书院的藏书，每十天查发一次书籍，办理借还手续。"监院"手下设"书吏"管编目，"看役"掌管钥匙、翻晒书籍、打扫卫生。新老"监院"交接时还要增设"监交"一员，"眼同查点交收"，如在下次查出缺少，则要"监院""监交"各赔一半。另外益阳箴言书院亦是监院负责，"院中书籍、金石文字悉登手册，监院掌之"，其下有司书、掌管，司书"分理"书籍，主要是"掌收登书帖、以时晒之，缺者补之，残者完之，守其目录，副记其假借，以贰监院"。掌管二人，在掌契约、田产等的同时稽核书院藏书。岳阳、慎修两书院则设斋长二人负责管

① 陈谷嘉，邓洪波.中国书院史资料［M］.杭州：浙江教育出版社，1998：2320.

书，登记新书，分别经、史、子、集，借还书；每年六月还由斋长传集斋夫负责晒书。当然，还有专门的监督班子：知府"每年查点一次"，监院"每节查点一次"，斋长"每月查点一次"。广东惠州丰湖书院则由各值年绅士、董事、掌书生徒、书藏看守构成藏书管理体系：董事主持图书管理工作，"掌书藏事"和掌书生徒一起负责借阅、查检各项具体工作。值年绅士则负督察之责，每年"查检一回"。另设书藏看守一人，负责内勤守卫：每天开窗开箱、打扫卫生、护理图书、每季要晒书一次等等。

书院藏书的开放性、管理制度的完善性、管理人才的精干性，为书院藏书楼向现代图书馆转变，做了充足的准备。光绪二十七年（1901年）清政府正式下达书院改制上谕，各省书院纷纷改成各级学堂，书院藏书和藏书楼仍在兴办近代图书馆的热潮中继续发挥作用。[①]

最后，许多书院藏书被近现代的图书馆所继承。比如，我国第一所官办的公共图书馆湖南图书馆，在初建时因藏书太少，时任长沙图书馆监督的陈庆年便分拣了岳麓书院藏书楼许多复本过去。又如，甘肃省立图书馆是以兰山、求古、五泉三书院的藏书为基础建立起来的。另外，许多书院的藏书楼也被作为图书馆馆址。如湖北武昌前清时的博文书院为湖北省立图书馆馆址。其成立之初，调取了武昌各书院学堂的书籍4万册（其中包括两湖书院的藏书），收藏于博文书院南北两座藏书楼。江苏省立图书馆馆址为惜阴书院旧址，此处风景优美，颇为安静，光绪二十九年（1903年）改为上元高等小学堂。

综上所述，晚清书院在藏书种类、编目制度、借阅制度、藏书管理制度等方面都趋向于图书馆化，其探索与实践开书院图书馆化之先声，对于我们今天继承传统文化、推陈出新，构建书院＋图书馆模式有一定的借鉴作用。

---

① 陈谷嘉，邓洪波.中国书院史资料［M］.杭州：浙江教育出版社，1998：2489.

第四讲
古代书院的教育

书院之设，原以兴贤育才。中国古代书院是实施教育的重要机构，也是社会教化的重要承担者。书院的建筑的设计、书籍的收藏无不为教育服务。通过讲授儒家典籍、祭拜往圣先贤等方式，书院培育了大量的学子，促进了学术的繁荣和文化的发展。

第一节　书院教育的起源及其基本内容

"书院"正式兴起于唐代，而最初的书院，并非教育机构，多是为政府整理书籍或民间读书之处。直到唐末的白鹿洞开始聚徒讲学，虽没有"书院"之名，但成为书院教育的先导。宋代以后，书院成为专门的教育机构，白鹿洞书院、应天书院等在教育方面的成就闻名遐迩。直到清末，书院教育始终发挥着重要的作用。

一、书院教育的起源

书院不同于一般的蒙学学堂，也不同于其他的官方教育机构。书院最初多由私人创建或主持，以聚徒讲学和研讨为教育的重要方式。[1]这种意义上的书院，最早出现在唐末，根据史志记载，桂岩书院（在江西高安县）、梧桐书院（在江西奉新）、皇寮书院（在江西永丰县）、松州书院（在福建漳州）、东佳书堂（在

---

① 李国钧.中国书院史［M］.长沙：湖南教育出版社，1994：2.

江西德安）等五所书院是较早的有教学活动的书院，这几个书院还藏有大量的图书，已经完全具备作为教育机构的书院的一般特点，可谓书院教育的起源。[①]到了北宋初年，很多知名书院创办、兴起，书院教育成为潮流，书院也成为重要的教育机构，并为后代所承袭。书院在唐末萌芽、在宋代勃兴的原因有很多，最重要的是以下两点。

1. 唐末五代特殊的社会环境

书院在唐末五代兴起离不开当时社会环境的影响。从唐末、五代至宋初，政局动乱，很多读书士子为躲避动乱，隐居山林读书治学。后来逐渐聚书授徒讲学，而读书讲学之地以"书院"命名，书院作为一种教育机构开始出现并普遍。五代时，蜀相毋昭裔就因感唐末以来，所在学校废绝，遂出私财百万营造学馆、刊刻《九经》，许多名儒隐居此地，群居讲习。而且由于社会环境的不稳定，官学几乎处于瘫痪状态，直到宋初，政府还缺乏足够的力量恢复官学。而私人创办的书院兴起，在一定程度上满足了读书人求学的需求。

2. 书院较为纯粹的教育目的

自春秋时期孔子创私学讲学，学术在民间流传。从此，中国古代教育一直存在着官学和私学两大系统，相互补充和促进。而从汉武帝设五经博士，教授弟子，官学与仕途密不可分，隋唐以后，官学几乎成为科举考试的附庸，在教书育人方面的作用逐渐衰微。书院则在培养人才、学术传承方面效果明显，如朱熹明确声称另建书院是为了讲学传道，而不是为了科举考试，他说："前人建书院，本以待四方友士，相与讲学，非止为科举计。"[②]明代学者王守仁也指出："国都至于郡邑，咸建庙学，群士之秀，专官列职而教育之，其于学校之制可谓详而备矣。而名区胜地，往往复有书院之设，何哉？所以匡翼学校之不逮也。"[③]书院在教育方面所具有的优势是发展兴盛的重要原因。

---

① 朱汉民.中国的书院［M］.北京：商务印书馆，1991：4.

② （宋）黎靖德编，王星贤点校.朱子语类卷一〇六［M］.北京：中华书局，1986：2655.

③ （明）王守仁.万松书院记［M］.载（明）王守仁著，王晓昕，赵平略点校.王文成公全书卷七［M］.北京：中华书局，2015：306.

二、书院教育的基本内容

书院的教育内容是非常丰富的，不同的书院还会有不同的侧重，如有学者将清朝书院分为三大类型，即崇尚理学书院、考课式书院、致用实学书院，或四类，第四为近代人士举办的学习西洋科学的书院①。这就是根据书院教学内容的主要方面进行划分的。虽然由于类别不同，其教育内容的侧重有所差别，但是书院教育的基本内容是相通的。儒家"穷则独善其身，达则兼济天下""学而优则仕"等思想使书院的教育不仅仅限于知识的传授，还在修身、处事、接物等方面有严格的学习要求。宋淳熙七年（1180年）朱熹作《白鹿洞书院揭示》就曾说："熹窃观古昔圣贤所以教人为学之意，莫非使之讲明义理，以修其身，然后推以及人，非徒欲其务记览、为词章，以钓声名、取利禄而已也。"②朱熹还说："圣贤教人为学，非是使人缀辑言语、造作文辞，但为科名爵禄之计；须是格物、致知、诚意、正心、修身，而推之以至于齐家、治国，可以平治天下，方是正当学问。"③朱熹的思想影响了书院教育的内容。

1. 学习儒家经典

经书是古代学子学习的基本典籍，也是治国理政的根基。汉武帝罢黜百家，唯立五经博士，从而确立了儒学和儒学经典的权威地位。明嘉靖年间吕高在《湖南书院训规·师经》中言："夫六经，圣人之心声也。治天下之大经大法，无不备载。"④通晓儒家经典也成为做官食禄的必要条件。从汉代开始，经学传承不辍，至唐代刊刻开成石经，共包括十三部经书。到宋代以后，儒家经典"四书""五经"成为书院通用的教材。"四书"即《大学》《中庸》《论语》《孟子》。"五经"指《诗经》《尚书》《礼记》《周易》《春秋》。朱熹还撰写了《四书章句大全》《诗集传》《周易本义》等，大大促进了学子对经典的理解和学习。明万历年间顾宪成为东林书院所作的《东林会约》中，同样强调要"尊经"："经，常道也。孔子表章'六经'，

① 熊明安，熊焰.中国古代教学活动简史［M］.重庆：重庆出版社，2013：312.

②（清）陈弘谋撰，苏丽娟点校.五种遗规［M］.南京：凤凰出版社，2016：6.

③（清）李绂著，段景莲点校.朱子晚年全论卷七［M］.北京：中华书局，2000：311.

④（明）吕高.湖南书院训规［M］.载邓洪波主编.中国书院学规集成：第2卷［M］.上海：中西书局，2011：767.

程朱表章'四书'，凡以昭往示来、维世教觉人心，为天下留此常道也。"①学习儒家经典是书院教育最基本的内容。

2. 修身穷理

对道德的教化同样是书院教育的基本内容。从修身开始，齐家、治国、平天下的理想才能达到。穷理也是儒家提出的修习理念，通过穷究事物之理，达到"为往圣继绝学，为万世开太平"。书院把德行修养和格物穷理密切结合："学有体要，曰立志，曰存心，曰穷理，曰集义"；"学有实地，曰人孝，曰出悌，曰谨行，曰信言"；"学有归宿，曰尽性，曰至命，曰希圣，曰达天"。②明王承裕《弘道书院学规》第十一条"考德"："凡立志高古，持身端谨，居家孝友，接人谦恭，处乡邻和陸，有一者取一，有二者取二，载之考德簿，以示劝。"明确对持身有德进行鼓励，而对于过错则需规劝改正："诸生平日若有过差，痛加改削。凡为同门，尤宜箴规。己有过而不改，人有过而不规，皆非也。"③儒家经典的学习与研究、对外界事物的认知与把握，都有助于增进道德境界。

特别是宋代以后，心学兴起，认为人的本心就是道德的根源，就是理，只要扩大、完善人的良心就能增进道德。书院教育也尤为注重心学，明嘉靖年间吕高在《湖南书院训规·师经》就强调读经更要体会圣人心法：

穷经而不能会圣人心法之用，则所求者不过章句文义之间，其于身心治理，何所裨益？尔诸生以选举而来，其于书卑讲章文字，卑芜浅陋之言，亦既诵读。自今以后，一切燔毁，勿使接目胶见废时，只将圣人言语虚心体认，讲究归一，反诸身心，作何工夫，推而达之，将何致用。倘有疑二，然后求之本传。本传不得，然后求之别传。④

---

① （明）顾宪成. 顾泾阳先生东林会约［M］. 载《东林书院志》整理委员会整理. 东林书院志卷二［M］. 北京：中华书局，2004：21.

② （清）李来章. 南阳书院学规［M］. 载邓洪波主编. 中国书院学规集成：第2卷［M］. 上海：中西书局，2011：966—969.

③ （明）王承裕. 弘道书院学规［M］. 载邓洪波主编. 中国书院学规集成：第3卷［M］. 上海：中西书局，2011：1689.

④ （明）吕高. 湖南书院训规［M］. 载邓洪波主编. 中国书院学规集成：第2卷［M］. 上海：中西书局，2011：767.

而吕高更专门提出书院的教育规程中要"求放心"：

圣人之学，心学也。心者，通天地万物一体者也。……孔门之学，以求仁为先。仁者，即道心之谓也。以子贡之贤，犹求道于多学而识，而求仁于博施济众之间。故夫子教之一贯而又示之以能近取譬，盖欲其反求诸心也。故孔门之学，谓之易简，外心而学，是皆枝叶外道。故孟子曰：仁，人心也。学问之道无他，求其放心而已。良心在我，提省则存，邪念本无，屏绝自息，其机只在操舍之间。①

因此，面对当时学者读书人货心、欲心、忿心、争心、成心、怠心日盛的情况，他认为应该从心出发完善道德修养："尔多士从下学用功，虽不能具见本体，且须时时反观内省，默察此心之动，凡遇数者之念一生，即便斩截扫除，不使潜伏在内，久之明莹定澈激，本体具见，通达万变无穷矣。"②可见，道德达到一定标准也是书院教育的目标。

3. 作诗文

作诗文是书院教育的必备课程。作文又有古文、策论、八股文等。曹丕《典论·论文》："盖文章，经国之大业，不朽之盛事。"③中国古代讲究以文治国，科举考试重文章，上书奏议用文章。写诗作文也是一个文人的重要标志，"文如其人"，文章表现个人的见识和才能。"著述等身"又是很多读书人的理想。可以说"文以载道，文以传情"，中国历代的圣贤先哲们无不对文章倾注心血。书院关于写诗作文的教育是学子学习的必然要求。明代弘道书院"每月朔请古文题二、诗题四，俟举业工夫有暇作之，辞尚体要，至月终呈稿改正"④。学生上交以后，老师批改，再返还给学生，由此指导学生作文。今在各大图书馆还可见一些学者留下的书院

---

① （明）吕高．湖南书院训规［M］．载邓洪波主编．中国书院学规集成：第2卷［M］．上海：中西书局，2011：766.

② （明）吕高．湖南书院训规［M］．载邓洪波主编．中国书院学规集成：第2卷［M］．上海：中西书局，2011：767.

③ （清）高步瀛选注．魏晋文举要［M］．北京：中华书局，1989：16.

④ （明）王承裕．弘道书院学规［M］．载邓洪波主编．中国书院学规集成：第3卷［M］．上海：中西书局，2011：1689.

学习时的作文稿，上均有老师批注，可见诗作教育的实际情况。

4. 研治经史、训诂、词章

从宋代到明代，理学盛行。到清代，一些学者开始认识到宋明理学的弊端，强调要研经治史、博习词章，以经世致用。清代朴学的盛行也促进了学风的变化。因此书院教育渐渐从探讨心性问题，转向以教育经史、训诂、词章作为基本内容。如雍正三年（1725 年），鄂尔泰改建后的苏州紫阳书院，重在稽古考文；乾隆时期，由卢文弨、姚鼐等经学家、古文家为山长的南京钟山书院，书院教学以经训、古文为主。也由于姚鼐主讲钟山书院长达 16 年，形成了著名的古文派别——桐城派。比较具代表性的还有阮元所建诂经精舍和学海堂，虽属官学，但也是书院。嘉庆五年（1800 年），阮元在杭州西湖孤山之麓建立诂经精舍，招选两浙诸生中学古者 30 余人，教授其中。诂经精舍的教学内容，孙星衍在《诂经精舍题名碑记》中写道："以《十三经》《三史》疑义……旁及小学、天部、地理、算法、词章"[①]。学习内容以学习《十三经》为主，且"诂经精舍"以"经"命名，可见经学在学习内容中的重要位置，阮元还聘请著名经学家孙星衍主讲诂经精舍。其他如科学、辞章、小学、地理、词章等均有涉及。道光四年（1824 年），阮元在广州粤秀山麓创建学海堂，学海堂与杭州诂经精舍性质相同。道光十四年（1834 年），总督卢坤，依据阮元制定的章程规定课业内容："课业诸生，因性之所近，自择一书肄习。"[②]课业内容仍是以经为主，涉及经史词章各方面。

5. 实学

实学教育，明末清初时颜元在所定《漳南书院学规》中即提出设"文事""武备""经史""艺能"等斋，教育实学。其中"文事"斋，"课礼乐、书、数、天文、地理等科"；"武备"斋，"课黄帝、太公以及孙、吴五子兵法，并攻守营阵陆水诸战法，射御技书等科"；"经史"斋，"课《十三经》、历代史、诰制章奏、诗文等科"；"艺能"斋，"课水学、火学、工学、象数等科"。[③]可见这个书院的教学内容，既包括经学文史，还有武学战法、自然科学，这是比较早提出进行实学教

---

① （清）张鉴等撰，黄爱平点校. 阮元年谱卷二［M］. 北京：中华书局，1995：42.

② （清）林伯桐撰，陈沣补编. 学海堂志［M］. 台北：广文书局有限公司，1971：17.

③ （清）戴望著，刘公纯标点. 颜氏学记卷三［M］. 北京：中华书局，1958：74.

育的书院。到了清代中期以后，特别是清末，传统的书院面临改革，有经世功能的实学更加被重视。上文所言，阮元所建诂经精舍，还教授天文、地理、算法等自然科学。光绪二十三年（1897 年），张之洞改革两湖书院课程，分经学、史学、地舆学、算学四门，每门各设分教，诸生于四门皆须兼通。从而达到实学教育的目的："一洗帖括词章之习，唯以造真才、济时用为要归。"①

此外，书院教育中读书虽最重经书，但也要旁览群书以"博观"。李文炤《岳麓书院学规》（1717 年）："今之举业，各有专经，固难兼习，然亦当博治而旁通之，不可画地自限。"②王承裕就曾提出让学生"取《贞观政要》《唐鉴》《大学衍义》诸书而涉猎之，遇考试，于上项书、杂史书出策论题"。还需作字："有志学书者，每目临欧、虞、颜、柳帖百字。"游艺："诸子进德修业之暇，或鼓琴，或习射，求造精妙。每月朔，鼓琴者，援琴升堂，各鼓一操。每月望，习射者会集，备行乡射礼。"③如此看来，书院教育的基本内容在以经学为主的前提下，内容是非常丰富的。

第二节 书院教育的教学方法

书院既然以教育为主业，书院教育的教学方法就尤为重要，将直接影响到教学效果。从历代书院教育的实践来看，教学方法主要有以下几种。

1. 日课

日课即每日的所作的功课，对于教学活动比较规范的书院来说，日常教学以日课为基础，虽是多是学生自学，但由书院来设定程式和标准。明代大儒湛若水，毕生捐款赞助书院，得其"馆谷"的书院达 28 所，遍布广州、南海、扬州、池

① （清）张之洞：两湖、经心两书院改照学堂办法片［A］.载陈元晖主编，高时良，黄仁贤编.洋务运动时期教育［M］.上海：上海教育出版社，2007：822.
② （清）李文炤.岳麓书院学规［M］.载邓洪波主编.中国书院学规集成：第2卷［M］.上海：中西书局，2011：1035.
③ （明）王承裕.弘道书院学规［M］.载邓洪波主编.中国书院学规集成：第3卷［M］.上海：中西书局，2011：1689.

州、徽州、武夷等近半个中国。湛若水亲自修订《大科训规》，就对日课进行规定："诸生进德修业，须分定程限，日以为常。每日鸡鸣而起，以寅、卯、辰三时诵书，以巳、午时看书，以未时作文，申、酉二时默坐思索，戌、亥二时温书。然此等大抵不可失了本领，通是涵养体认之意。如此持循，当月异而岁不同矣。朔望升堂，先生讲书一章或二章，务以发明此心此学。诸生不可作一场说话听过，亦必虚心听受，使神意一时相授，乃有大益。"①日课不仅可以进行知识积累，还为先生的讲授打下基础。学生读书多思，才会发问，从而取得进步。

湛若水的《大科训规》所规定的日课有诵书、看书、作文、默坐思索、温书等，相当于每天的课程表。明王守仁《教约》："每日工夫先考德，次背书通书，次习礼，或作课仿，次复通书讲书，次歌诗。凡习礼、歌诗之类，皆所以常存童子之心，使其乐习不倦而无暇及于邪僻。教者知此，则知所施矣。"②每日所课不仅仅是背书、读书，还有考德、习礼等。阮元设立的学海堂，每日课业"有句读、评校、钞录、著述四项工夫，应令肄业诸生每日读书，用红笔挨次点句，毋得漏略凌乱，以杜浮躁。至于评校、钞录、著述三项，视乎其人学问浅深；凡为句读工夫者，不限以兼三项；为三项工夫者，必限以兼句读，期使学问风气，益臻笃实。"③因为每天严格的课业，学海堂的学生打下了扎实的治学功夫。

日课是每个学生必须完成的任务，书院制定比较严格的作息时间来保证日课的有序进行。对休息的时间和夜课也进行规定："诸生就书院宿歇者，夜至二鼓尽方寝，晨于五鼓初即兴。师氏或早或晚至书院。其用功者，饮茶一盏，以助精神，其不用功者，院丁扶出书舍，跪于阶下，俟师氏回始起。"④日课内容的选择和规定体现了书院的学术风气，也是保证学子学有所获的必要方法。

2. 讨论

讨论是书院教育的重要途径。学生在读书学习中产生的问题，可以与同学交

① （明）湛若水.大科训规［M］.载高时良主编.明代教育论著选［M］.北京：人民教育出版社，1990：232.

② （明）王阳明撰.传习录注疏［M］.上海：上海古籍出版社，2015：178.

③ （清）林伯桐撰，陈沣补编.学海堂志［M］.台北：广文书局有限公司，1971：21.

④ （明）王承裕.弘道书院学规［M］.载邓洪波主编.中国书院学规集成：第3卷［M］.上海：中西书局，2011：1689.

流，也可以请教老师，学生之间、师生之间通常会对某一问题发表见解、共同研讨。这一教学方式较为灵活，也较能融洽师生感情。

（1）个别讨论

不同的学生会产生不同的问题，《论语》中就有很多孔子与某个弟子的对话，针对每个弟子的问题，作出专门的解答，也可算是"因材施教"。这种讨论比较有针对性，可以直接解决学生的疑问，从而教育学生。

（2）集体讨论

学生的问题有的又具有共通性，这样的问题就可以采用集体讨论的方式。这也是朱熹等人常用的教学方法。师生之间互相质疑辩难，受益更多，成为书院重要的学习方法。这也是师儒引导学生的途径。讨论交流可以避免"师之所讲有不待弟子之问，而弟子之听于师又非其心之所疑"①的问题。讨论方式的扩大，并上升为制度，可以以"会文"的形式进行。明方世敏《瀛山书院学规》："请于诸友中，择一学行老成者为会长，每月三会，每会书一，经一，诗、论、表、判、策各一，务要篇数俱完。先呈会长批阅，次与同会互正，须各倾倒知见，以相裨益，不得阿附雷同，亦不得长傲怫善，如此则道日以明，德日以进，他年黼黻皇猷之具，裕诸此矣。"②这种以讨论文章为主要内容的"会文"可以使学子相互学习，大大提高作文能力。

3. 会讲

"会讲"，是指以聚会的形式而组织的教学或讲学。书院的会讲方式主要有两种：日常会讲和定期会讲。

（1）日常会讲

日常会讲，可见于白鹿洞书院。嘉靖年间，郑廷鹄督学江西，在《示白鹿洞主帖》的公文中，对书院的日常会讲进行了规定：

主洞教官，务宜正身修德，以倡率诸生。每日平明，升堂会讲。主洞官先讲，

---

① （宋）朱熹. 朱熹集［M］. 成都：四川教育出版社，1996：3891.

② （明）方世敏. 瀛山书院学规［M］. 载邓洪波著. 中国书院学规集成：第1卷［M］. 上海：中西书局，2011：339.

或诸生复讲前书。有疑者，以次升问。日晡、夜分，不必大会。有问，止命直学引对。①

白鹿洞书院的日常会讲每日都有。另外如明王承裕《弘道书院学规》"讲解"条："间日午后升堂会讲，依分定书程。前期观玩寻讨，若有疑难，且在朋辈商确会讲之际，诣师席质问，必求得夫圣贤立言之意。若穿凿附会便不是。"②则会讲是隔一天一次，于午后进行。这种日常会讲面向的是书院内的生徒。

（2）定期会讲

定期会讲相对于日常会讲来说，规模较大，常邀请名师来讲学，往往会吸引其他书院的师生及当地的士绅和民众前来听讲，有时人数多达一两千人。③

万历年间，耿橘《虞山书院会约》："每月初九日讲书于学道堂，本县辍政半日往听焉。佐领、儒学各官、乡荐绅、孝廉、生童、孝子、善人，悉会听讲。讲时不掣签，不命书，不拘生童，随有志有见者讲论三五章，以发其端。本县知识庸下，无足商榷，随时聘请教主阐发精义。每岁三三、九九，大会四方同志三日，俱如九日会讲之仪。"④这里的会讲就是规模较大的会讲，县中为此辍政半日，佐领、儒学各官、乡荐绅、孝廉、生童、孝子、善人等，均来听讲。

顾宪成所作《东林书院会约》也规定："每年一大会，或春或秋，临期酌定，先半月遣帖启知。每月一小会，除正月、六月、七月、十二月祁寒盛暑不举行外，二月、八月以仲丁之日为始，余月以十四日为始，会各三日。愿赴者至不必遍启。每会推一人为主，说'四书'一章。此外有问则问，有商量则商量。凡在会中，各虚怀以听。即有所见，须俟两下讲论已毕更端呈请，不必搅乱。"⑤每个书院会

---

① 按：直学为书院中值日人员，由学生轮流担任。又按："或诸生复讲"的"或"，不是表示在教官主讲和学生复讲之间选择其中一个，而是表示教官主讲与学生复讲之间的轮换。参见吴宣德.中国教育制度通史［M］.济南：山东教育出版社，2000：383.

② （明）王承裕.弘道书院学规［M］.载邓洪波主编.中国书院学规集成：第3卷［M］.上海：中西书局，2011：1688.

③ 朱平主编.高等学校教师职业道德修养［M］.合肥：合肥工业大学出版社，2005：10.

④ （明）耿橘.虞山书院会约［M］.载邓洪波主编.中国书院学规集成：第1卷［M］.上海：中西书局，2011：261.

⑤ （明）顾宪成.顾泾阳先生东林会约［M］.载《东林书院志》整理委员会整理.东林书院志卷二［M］.北京：中华书局，2004：29.

讲的日期和内容有所不同，对于学子来说，这无疑是学术盛会。

4. 环境熏陶

书院在对学生教育，特别是道德的教育中，非常重视环境的影响，利用环境的教育因素，潜移默化、耳濡目染地感化学生。

（1）书院选址、建筑的设计

书院大多建立在风景优美之地，贴近自然，有益于师生的身心。书院还将"院风"或"院训"转化为随处可见的实物感染学生。书院的题名即包含深意。如求是书院就取"实事求是"和"务实求学，存是去非"的双关含义。楹联的选择也有寄寓，岳麓书院的门楹"地接衡湘，大泽深山龙虎气；学宗邹鲁，礼门义路圣贤心"，时时提醒诸生建立良好的道德操守。书院的这些外在环境，对书院学子的思想道德、行为方式和伦理观念都起着重要的影响。学生在潜移默化中振奋精神、树立志向，从而充满道德关切与天下关怀。

（2）祭祀

书院又具有祭祀功能，很多书院建有"景贤祠""礼贤祠"等建筑，供祀先师或忠义之士。书院所崇祀之人一般是一代儒学宗师，也有当地名儒，或者曾经在此地讲学的一代大儒。由于朱子之学的官学化，在宋代以后的书院祭祀中，朱熹在书院供奉中占有重要的位置。还有像胡安国、陆九渊、周敦颐、王阳明等已被纳入官方祭祀系统的儒学大师也是许多书院崇祀的对象。如花洲书院供奉先师范仲淹画像，南阳书院供奉程颢、程颐画像，崇正书院供奉张载画像等等。书院祭祀的对象可以代表书院的学术追求。这使书院师生产生见贤思齐的想法，以先贤的道德、学问、人品激励、鞭策自己，指导自己行事、立身、做人，这也是在潜移默化中起到"推重学统，加强教导"的作用。

第三节　书院教育的经典选择与仪节程式

书院教育中，阅读经典是最基础、也是最重要的内容。经典的选择体现了书院的教育理念。如元代学者程端礼，曾为教谕，又历稼轩、江东两书院山长，著有《读书分年日程》指导学子读书，国子监曾将其颁示郡邑校官，为学者式。在《读书分年日程》中，他依年龄将教育划分为三个阶段：八岁前为启蒙教育，学习程若庸的《性理字训》，佐以《朱子童蒙须知》；八岁至十五岁为小学教育，学习《小学》"四书"及诸经；十五岁至二十三岁为成人教育，要读《四书集注》①。这不仅体现了教育阶段不同，选择的经典也不同，也可以看出程端礼对朱子之学的服膺。

一、书院教育的经典选择和仪节程式

1. 书院教育的经典选择

书院会根据学生的旨趣，给予学生不同的指导，让学生阅读不同的经典。比较有代表性的是明代的弘道书院。明弘治九年（1496 年），王承裕所撰《弘道书院学规》针对不同的学习内容，提供了不同的经典阅读的建议：

诵读　每日读经书，一般《易》《诗》《书》《春秋》《礼记》之类。四书，一般《论语》《大学》《中庸》《孟子》之类。史书，一般《通鉴纲目》《续通鉴纲目》《通鉴节要》《续通鉴节要》《史略》《史断》之类。

察理　有志性理之学者，读《性理大全》《近思录》。

学礼　有志学礼之士，先读《朱子家礼》，次读《仪礼》《周礼》诸书。

作古文　诸生学古文者，每日读谢叠山所选《文章轨范》文字一首。学诗者，每日读杨襄城所选《唐音》诗二首，兼日书背通。

博观　五经各治一经，余四经亦当次第而观。更有功夫，取《贞观政要》《唐鉴》、《大学衍义》诸书而涉猎之。

明治　有兵戎之政，宜观《武经七书》《武经总类》。有刑名之政，宜观《大明律》《刑统赋》；有救荒之政，宜观《救荒活民》《荒政备考》。有治水之政，宜观《河防通议》《泾渠图说》《吴中水利》诸书。②

王承裕所列的经典是非常丰富的，可以满足各专向的需求。对于大多数学子来说，只能专攻一部分。在众多的经典中，书院教育首先阅读的是经史要籍，旁

---

① （元）程瑞礼撰，姜汉椿校注．程氏家塾读书分年日程［M］．合肥：黄山书社，1992.

② （明）王承裕．弘道书院学规［M］．载邓洪波主编．中国书院学规集成：第 3 卷［M］．上海：中西书局，2011：1689.

及诸子、文集。"四书""五经"几乎是宋代以后每个书院必备的经典，从"四书""五经"再扩至十三经，史书、诸子文集等。经书学习中，又以通究五经，博其义理之趣为上。为更好地理解五经，与之相关的历代著述就是必需的经典。明吕高《湖南书院训规·师经》中对这部分经典的选择也做了解说：

本传不得，然后求之别传。如《易》，《朱传》之外，则有《程传》、胡安定《口义》、慈湖《易传》、《易学变通》诸书。《书》，《蔡传》之外，则有孔颖达《正义》、东坡《书传》、东莱《书说》、吴文正《纂言》及近时王耕野《读书管见》诸书。《诗》，《朱传》之外，则有东莱《读诗记》、严灿《诗缉》、王质《记闻》、东坡、慈湖《诗解》诸书。《春秋》，《胡传》之外，则当参究《左氏》、《公羊》、《穀梁》、《程传》、赵汸《集传属词》、孙明复《发微》诸书。《礼记》，《陈传》之外，则当参究《仪礼经传》、《大戴礼》、陈友仁《周礼集说》、吴草庐《纂言》及敖继公《礼记集说》，皆当参互考正，求其至一之归，务在融会贯彻。[1]

儒学是中国古代的正统之学，书院教育中经典的选择与此密切相关，从上也可以看出，儒家经典是书院学习的主业，与经学相关的典籍是书院教学与阅读的主流。

2. 书院教育的仪节程式

书院教育是学子学习的阶段，要在有限的时间内，进行较为完善的教育，为此书院多会制定教育的仪节程式以保证教学活动的有效进行和完成。通常来讲，学习的程序均会包括以下几个阶段。

（1）读书

书院学生读书是学习期间的主业，根据日课的安排，每日读书，又"随其资质高下，限以遍数"[2]。读书背诵之后，老师会定期检查。

---

[1]（明）吕高.湖南书院训规［M］.载邓洪波主编.中国书院学规集成：第2卷［M］.上海：中西书局，2011：767.

[2]（明）王承裕.弘道书院学规［M］.载邓洪波主编.中国书院学规集成：第3卷［M］.上海：中西书局，2011：1688.

（2）讲解

前文书院的教学方法中有过相关的讨论，学生遇有问题，可以通过讨论的形式进行交流解决，也可以听老师讲解，老师讲解有比较常规的日常会讲和规模较大的会讲。通过这些方式，学生的疑难问题得到解答，对经典可以有更深的理解。

（3）作文

读书学习的间隙，学生要写作文章，文章是读书学习的收获所得，也是衡量学生学术水平的重要标准。文章的形式也有多种："或经义，或四书义，或论，或策，或表。"而文章的基本要求是"务说理明白，遣词条畅"。① 通过文章，学生可以锻炼文笔，也可以对自己的学术观点等有进一步的总结。

（4）考试

每个书院的都会有定期的考试，这不仅是考察学生的学习成果，还可以对学生的日常学习进行督促。考试的形式往往是作文，很多书院会按照文章的优劣评定等次："词理俱到者作一等，词理顺通者作二等，初学可进者作三等。"考核优秀的给予奖励，而不合格者则会受处罚："下三等者加以夏楚。"②

二、书院教育经典选择和仪节程式的原则——循序渐进

"为学之道，莫先于究理，穷理之要必在于读书，读书之法莫贵于循序而致精"。书院的教育会历时数年，在经典的选择和次序上都遵循从易到难、循序渐进的原则。朱熹在《朱子语类》中云："先读《大学》，以定其规模；次读《论语》，以主其根本；次读《孟子》，以观其发越；次读《中庸》，以求古人之微妙处。"③ 对于经学来说，"四书"具有启蒙、基础的作用。朱子的读书原则深刻影响了后代书院读书规程的制定。明成化五年（1469年）李龄制定白鹿洞书院的《六戒》规定："读书必循序，不可躐等。先读《小学》，次读'四书''五经'、御制书，《史》

---

① （明）王承裕.弘道书院学规［M］.载邓洪波主编.中国书院学规集成：第3卷［M］.上海：中西书局，2011：1689.

② （明）王承裕.弘道书院学规［M］.载邓洪波主编.中国书院学规集成：第3卷［M］.上海：中西书局，2011：1690.

③ （宋）黎靖德编，王星贤点校.朱子语类卷十四［M］.北京：中华书局，1986：249.

《鉴》各随资质高下。"① 清乾隆二年（1737年）张晋生《锦江书院条约》："学惟循序，读书而不限课程，往往进锐退速，顾此失彼，必循循然遵照朱子《白鹿洞分年读书之法》，根柢六经，原本诸史，阐发乎《性理大全》，沐浴于《左》《国》《史》《汉》、唐宋大家之膏腴。不趋诡道，不为躐取，如周行之在望。"② 总的来说，读书院的读书次序先《小学》、"四书""五经"，后兼《诗》《书》《礼》《易》《乐》《春秋》六经，再进以《史记》《汉书》《资治通鉴》等史籍。其后再涉诸子百家、秦汉辞章和唐宋诗文。

书院的老师在讲授经典时，同样要有一定的次序："仰各经教官，除考试之日，每日升堂时照后定书程，先讲《四书》二三篇，次《易》，次《书》，次诗》，次《春秋》，次《礼记》。各命大章要旨，撇签讲验。诸生有不得旨，各经教官务要反复开导，使令融会于心，可以见之行事，则于穷经之说为庶几矣。"③ 经书的学习费时较长，理解较难，需要老师讲授和学生读书同步进行。

学习其中的一种书，也要遵循渐进的原则，由易到难、由浅入深。清康熙五十六年（1717年）《岳麓书院学规》专门对"四书"的学习方法进行规范："'四书'为六经之精华，乃读书之本务。宜将朱子《集注》逐字玩味，然后参之以《或问》，证之以《语类》，有甚不能通者，乃看各家之讲书可也。次则性理为宗，其《太极》《通书》《西铭》，已有成说矣。至于《正蒙》，尤多奥僻，尝不揣愚陋，为之集解，然未敢出以示人也，诸君倘有疑处，即与之以相商焉。其程朱语录、文集，自为通习可也。"④ 以"四书"为本，旁及它书，理解越来越透彻，所作学问也会愈见精深。

读书、作文等也有主次："学者欲通世务，必需看史。然史书汗牛充栋，不可遍观，但以《纲目》为断。至于作文，当规仿古文，宜取贾、韩、欧、曾数家文字熟读，自得其用。制艺以归、唐大家为宗，虽大士之奇离，陶庵之雄浑，皆

① 李梦阳等编.白鹿洞书院古志五种［M］.北京：中华书局，1995：1196.
②（清）张晋生.锦江书院条约［M］.载邓洪波主编.中国书院学规集成：第3卷［M］.上海：中西书局，2011：1446.
③（明）吕高.湖南书院训规［M］.载邓洪波主编.中国书院学规集成：第2卷［M］.上海：中西书局，2011：767.
④（清）李文炤.岳麓书院学规［M］.载邓洪波主编.中国书院学规集成：第2卷［M］.上海：中西书局，2011：1035.

苍头技击之师，非龙虎鸟蛇之阵也。论诗专以少陵为则，而后可及于诸家，先律体后古风，先五言后七言，庶可循次渐进于风雅之林矣。"①读书次序的规定为学生读书提供了引导，学习循序渐进，终会有所成。

为了使讲授、读书有章可循，有的书院还制定了细致的经典学习的阶段和内容。明代吕高制定的《湖南书院训规·稽课程》就非常细密，他认为："朱子有紧课程之说，况今中人之资，多乐宽纵。今亦不敢过为严密，聊以必讲之书，必守之法，约为程限，非独以稽学者，亦将以考教官。"②《稽课程》内容如下：

春三月：《四书》，上下《论语》；《易》，上经；《书》，《虞书》；《诗》，《国风》《王风》；《春秋》，隐桓、庄三公；《礼记》，《曲礼》至《文王世子》；《性理》，《太极通书》、《西铭》、《正蒙》；《纲目》，周威烈至东、西二汉；及《孝经》、小学。

夏三月：《四书》，《大学》、《中庸》；《易》，《下经》；《书》，夏、商《书》；《诗》，《小雅》；《春秋》，僖、闵、文三公；《礼记》，《礼运》至《学记》；《性理》，《皇极经世》至《洪范皇极》；《纲目》，晋至隋终；及《近思录》、《皇明正要》。

秋三月：《四书》，上下《孟子》；《易》，《上系》；《书》，《泰誓》至《多士》；《诗》，《大雅》《春秋》，宣、成、襄；《礼记》，《乐记》至《经解》；《性理》，《理气》至《为学》诸卷；《纲目》，唐至五代；《大学衍义》前半部。

冬三月：《四书》复究一遍；《易》，《下系》至终；《书》，《无逸》至《秦誓》；《诗》，三颂；《春秋》，昭、定、哀；《礼记》，《哀公问》至终；《性理》，自朱子至终；《纲目》，宋、元；《大学衍义》后半部。以上诸书，在所必读必精者，皆须讲究贯彻。③

每个阶段读什么书，读多少都进行了细致的规定。这种教学程式的制定为老

---

① （清）李文炤. 岳麓书院学规［M］. 载邓洪波主编. 中国书院学规集成：第2卷［M］. 上海：中西书局，2011：1036.

② （明）吕高. 湖南书院训规［M］. 载邓洪波主编. 中国书院学规集成：第2卷［M］. 上海：中西书局，2011：770.

③ （明）吕高. 湖南书院训规［M］. 载邓洪波主编. 中国书院学规集成：第2卷［M］. 上海：中西书局，2011：770.

师讲授和学生学习都提供了参考标准，虽会有胶柱鼓瑟之弊，但在书院教育中也发挥了重要的引领作用。

读书之外，作文也要按照规定的日期和程式进行上交和检查。同样是湖南书院，"除考试之日，教官循此彻讲、命题，每月逢三日作四书、经各一篇，初六日论一篇，十六日时务策一道，二十六日表一篇。俱于本日午后呈递，各经教官亲笔改正，面论疵纯，领还，候本道不时下院撤看。逢九日，教官列诸生堂上，各另一簿，面试三篇，批评高下，分别次序。次日，同将考簿呈解本道查考。本道于每季终考试劝赏，学无进益者，发回本学。"[①]这些程式的设定，保证了大多数学生学习的有序进行，为书院的人才培养奠定了基础。

第四节　书院经典教育的效果及影响

从唐末开始至清末教育改制，书院作为一种主要的教学机构在中国延续了千年之久。书院教育培育了大量的人才，对当时和后代都产生了深远的影响。在书院的教育方式中，又以经典教育为主业，书院的儒家经典教育在引领学风、培育人才、社会教化、文化传承等方面起到了良好的效果，产生了重要的影响。

1. 引领学风

书院是中国古代较高层次的教育机构，可作为古代中国大学的代表。宋元时期书院较为宽松的教学环境为学术发展提供了良好的基础，明清时期，许多大儒学者创办书院，为书院的发展提供了坚实的后盾。书院中师生相互答疑问难、相互激荡也促进了新观点、新思想的产生。宋代以来,中国古代学术经历了多次发展，程朱理学、陆王心学、乾嘉汉学等等，这些学术学派的形成与发展都与书院息息相关，或者以书院为学派的起源地，或以书院为传播地，或二者兼而有之。宋代理学和心学的代表人物朱熹、程颐、陆九渊等人均曾主讲于书院，四方学子闻风而至，思想交汇，达到了宋代学术的高峰。清代的阮元，不仅官至两广总督、云

---

① （明）吕高.湖南书院训规［M］.载邓洪波主编.中国书院学规集成：第2卷［M］.上海：中西书局，2011：770.

贵总督，还是清代的一代文宗，他创办的诂经精舍和学海堂专研经学，培养了大批的经学人才，如黄以周、陈澧等人成为晚清经学的代表人物，同时也开启了清代书院讲求征实致用之学的风气。

2. 培养人才

儒家强调理想和知识的共同追求，而书院就是追求知识的重要场所。书院教育以追求学问、培育人才为重要目标。最初成立的书院，多属私学，相对于官学容易受到科举考试制度的支配和控制，书院的学术研究更为纯粹，儒家学者多在其中探讨人的意义、社会的和谐、天下的治理等广阔的问题，以这些问题为核心的经、史、子、集教育和典籍极大满足了学子的需求。因而，书院培养的人才也常以追求知识或兼济天下为己任，这会起到纠官学之偏、革官学之弊的作用。元代和清代，朝廷都对书院加强控制，中央或地方政府设立了很多官学性质的书院。这些学院多为科举考试储才，很多学生走上仕途，治理国家。原来私学性质的书院在很大程度上仍然保持着自由讲学、钻研学问的传统，培养了很多著名的学者，书院教育为培养人才发挥了非常大的作用。

3. 社会教化

书院教育还以修养道德为目的，这也对社会教化产生了有利影响。历代书院的"学规""教约"，几乎都对"格物、致知、正心、诚意、修身"这些伦理道德有所涉及、作出要求。宋代名儒吕祖谦讲学丽泽书院时就曾规定，凡来此书院求学的人，都必须以"孝悌忠信"为本，而"不顺于父母，不友于兄弟，不睦于宗族，不诚于朋友，言行相反，文过遂非者"则不在招收之列 [1]。书院还把德行考试结果作为升级及奖助的依据，把考试结果与生徒的升降、奖惩联系在一起。儒家学者认为在自我道德完善的基础上，可以逐步实现全社会的完善。因此，书院学者们往往将这种自我道德完善的人文追求与经邦济世的社会关切结合在一起。由于书院加强自身道德修养，注重自身德行的培育，山长和教师对书院生徒起到了良好的表率作用，而生徒走出书院，往往成为某一地方的学术代表人物，他们持续秉承的道德标准，为广大民众作出表率，从而营造了浓厚的道德氛围，进行了

---

① （宋）吕祖谦.丽泽书院学规［M］.载陈薛俊怡编著.中国古代书院［M］.北京：中国商业出版社，2015：104.

社会的教化。

4. 文化传承

书院是中华文化传承的重要阵地之一。中国书院是研究学术和文化总结集成的重要学府，这对文化传承起着重要的作用。宋淳熙十年（1183 年）朱子和门人创建福建武夷书院，朱子在此倡道讲学、著书立说。在此期间，朱熹及其门人完成了《小学书》《童蒙须知》《易学启蒙》《孝经刊误》《周子通书》多部著作，还刻印了《太极图说解》《西铭解》，序定了《大学章句》《中庸章句》，这些著作标志着朱子思想体系的诞生。由此，"朱子总结了从周敦颐、张载、程颐、程颢等北宋以来理学家的成就，构建理学集大成的框架和规模"①。这是中国学术文化的一大发展，也是对儒家文化的重要传承。

书院教育的重要方面还包括书院拥有大量的书籍，搜集、收藏、刊刻图书均是书院的重要活动。许多书院专建有书库，称为"尊经阁""藏书楼"等，成为书院建筑的一个重要构成部分，甚至成为当地藏书最丰富齐备的场所。因此，这些藏书不仅为书院的教学和研究准备了充足的材料，还可作为当地文化的代表，为当地士民所用。宋代以后，雕版印刷技术成熟，越来越多的书院出资刊刻图书，既包括传统经典书籍，也包括书院的讲义和研究成果、听讲笔记、读书日记，内容非常丰富。如阮元刊刻的《学海堂经解》，包含书籍 180 余种，可考见清代经学之演变。这些书籍的刊刻，不仅在当时扩大了书院的社会影响，书院刊刻的"书院本"也成为现今很多图书馆收藏的善本书、珍本书②，发挥了文化传承的作用。可以说，书院这种将教育、研究、藏书集于一体的独特组织形式，具有重要的文化传承意义。

---

① 朱汉民 . 中国书院的文化价值［N］. 福建日报 .2018-04-09（9）.
② 朱平主编 . 高等学校教师职业道德修养［M］. 合肥：合肥工业大学出版社，2005：9.

第五讲

书院礼乐教育中的经典活化

传统书院礼乐教育，主要包括祭祀、习礼、乐教等形式，其中尤以祭祀为核心。在古代书院中，书院祭祀与书院藏书、书院讲学并列为书院三大功能之一。作为传统书院的核心规制，书院祭祀盛行于唐代到清末漫长的书院发展历史中，可以说，与整个传统书院的历史相始终。在长时间的演进过程中，书院祭祀不断发展完善，在内容与形式上都呈现出区别于其他祭祀的特点。在现代书院体系中，由于时代与观念的变迁，单纯的祭祀活动形式有所简化，而国乐演奏、射礼演示、开笔礼、成人礼等其他礼乐教育形式则日趋丰富。

第一节 书院祭祀的起源及其功能概述

"国之大事，在祀与戎"，不仅在书院中，甚至在整个传统中国社会中，祭祀都占据极其重要的地位。传统"吉、凶、军、宾、嘉"的五礼划分中，所谓"吉礼"即指祭祀。《礼记·祭统》中言："凡治人之道，莫急于礼。礼有五经，莫重于祭。"[①]可谓对传统社会中祭祀重要性的描述。

从文献记载来看，早在周代，学校中即存在着祭祀活动，如果我们把书院看作学校教育的一种特殊组织形式的话，那么周代的学校祭祀可以被当成是书院祭祀的前身与最早起源。儒家经典中多有关于学校祭祀的记载，如《周礼·春官·大

---

① （唐）孔颖达，等礼记正义：祭统.影印清嘉庆阮元刻本［M］.北京：中华书局，2009：3478.

胥》中说："春，入学，舍采合舞。"所谓"入学，舍采"云云，东汉著名经学家郑玄注解说："始入学，必释菜礼先师也。"①也就是说，入学一开始，就要对先师行"释菜"礼。《礼记》各篇中多有类似记载，如《学记》篇中说："大学始教，皮弁祭菜，示敬道也。"郑玄注云"菜谓芹藻之属"②，对所释之菜为何做出了解释。《礼记·祭义》篇中还说："祀先贤于西学，所以教诸侯之德也。"③《文王世子》中说："凡学，春官释奠于其先师，秋冬亦如之。凡始立学者，必释奠于先圣先师，及行事，必以币。"所谓"释奠"，郑玄注解说："释奠者，设荐馔酌奠而已。"④也是一种对"先圣""先师"的祭祀礼节。上述经典记载中对先圣先师所行的"释菜礼""释奠礼"等是当时学校祭祀的核心内容。

随着汉以后儒家思想在国家及社会体系中占据独尊的地位，这种源自经典记载的祭祀形式和祭祀内容成为后世孔庙以及官学祭祀中不可或缺的重要组成部分。很多时候，皇帝甚至亲自参加"释奠"等相关祭祀仪式，如据《宋书》记载，南朝宋文帝元嘉二十二年（445年）四月，"释奠国子学，如晋故事"⑤。《北史·周本纪》记载，北周宣帝曾于大象二年（580年）"二月丁巳，帝幸路门学，行释奠礼。"⑥唐代时，州县官学基本都与孔庙相连，也是为了方便祭祀先圣先师。

唐代中后期书院出现以后，由于其与官学教育有着千丝万缕的关系，自然也承袭了与官学祭祀类似的祭祀形式与内容。可以说，书院祭祀是官学与孔庙祭祀的延伸和发展。随着时代的推移，书院祭祀无论是在祭祀对象还是祭祀形式上都有进一步的发展，书院祭祀成为士人传播儒学信仰、增强对儒家伦常道德观念认同感以及进行模范教育、礼仪教育的重要手段。宋代理学兴起以后，书院祭祀还是各书院推崇自身学统、增进学派认同的重要途径。

但是，客观地说，书院祭祀活动的作用和影响有双重性。除了上述积极的一面，后世不少地方府县书院的祭祀有着浓厚的科举应试及迷信色彩，功利作用超出了传统的尊师重道作用。

① （唐）贾公彦.周礼注疏：大胥［M］.影印清嘉庆阮元刻本.北京：中华书局，2009：1716.
② 礼记正义：学记［M］.影印清嘉庆阮元刻本.北京：中华书局，2009：3298.
③ 礼记正义：祭义［M］.影印清嘉庆阮元刻本.北京：中华书局，2009：3472.
④ 礼记正义：文王世子［M］.影印清嘉庆阮元刻本.北京：中华书局，2009：3044.
⑤ （南朝梁）沈约.宋书：礼志四［M］.北京：中华书局，1974：485.
⑥ （唐）李延寿.北史：周本纪下［M］.北京：中华书局，1974：378.

第二节　书院祭祀的对象

　　早期书院祭祀的对象主要包括孔子及孔门弟子等先圣、先哲，后世书院对其的祭祀情况，虽有损益，但大体相同。南宋以后，书院祭祀对象还包括本学派先贤及与书院创办、重建等有关之人等，这是书院祭祀与一般官学、文庙祭祀的最大不同和显著特点。不少地方书院府县还祭祀主管科举的神祇等，则与科举应试息息相关。肖永明先生曾经总结道："书院祭祀的对象颇为广泛，包括先圣、先师、先贤，与当地有直接关系或者具有全国性影响的历史文化名人，在书院创建、发展过程中有功的官员，等等。一些书院还祭祀文昌帝君、魁星等神灵。"[①]这里略作简化合并，将书院祭祀对象分为"孔子及孔门弟子""先贤""书院创修人及名宦""主宰功名的神祇"四种类型。

一、孔子及孔门弟子

　　孔子是儒家学派的创始人，历来称颂他"删《诗》《书》、定《礼》《乐》、赞《周易》、修《春秋》"，建构了以"仁""礼"等为核心的儒学思想体系，据说他曾教授弟子三千，贤者七十二人。西汉司马迁曾赞扬说："自天子王侯，中国言《六艺》者折中于夫子，可谓至圣矣！"[②]自汉武帝"罢黜百家，独尊儒术"之后，儒家学说开始被独尊为官方正统学说，孔子也被后世尊为"至圣先师"，成为古代官学、文庙等处祭祀的主要对象。

　　在官学祭祀的影响下，大致从北宋书院初兴之时开始，各书院基本都建有"礼殿"之类场所以祭祀孔子。对孔子的祭祀又兼及对孔门弟子"十哲"[③]即颜渊、闵子骞、冉伯牛、仲弓、宰我、子贡、冉有、子路、子游、子夏等人的祭祀。如宋真宗咸平二年（999年），潭州太守李允则修岳麓书院，即建有"礼殿"，"塑先师、十哲之像，画七十二贤"。[④]南宋绍熙五年（1194年）朱熹在建阳考亭沧州精舍

---

① 肖永明，戴书宏.书院祭祀与时代学术风尚的变迁［J］.东南学术.2011（6）.

②（汉）司马迁.史记：孔子世家［M］.北京：中华书局，1982：1947.

③ "十哲"之说源自《论语·先进》："德行：颜渊、闵子骞、冉伯牛、仲弓；言语：宰我、子贡；政事：冉有、子路；文学：子游、子夏。"

④（宋）王禹偁.小畜集：卷十七：潭州岳麓山书院记［M］.四部丛刊初编.上海：商务印书馆，1926：9a.

中祭祀孔子，则以颜渊、曾参、子思、孟子即所谓"四配"配祀。朱熹之后，书院祭祀中祭祀孔子并及"四配"几乎成为定制。

此后随着时代的推移和书院的发展，书院祭祀虽然增祀有其他对象，但对孔子及孔门弟子的祭祀，一直是书院祭祀的核心与不可或缺的内容。后世一些规模较大的书院甚至专门兴建了附属于书院的文庙来祭祀孔子及孔门弟子。如明代时，岳麓书院即单独兴建一较大规模的文庙以祭祀孔子及孔门弟子（今址见图5-1）。

图 5-1　今岳麓书院文庙大成殿

二、先贤

书院对"先贤"的祭祀，最重要的是对与书院相关的本学统、本学派代表人物的祭祀，这也是书院祭祀区别于一般官学祭祀最具特色的部分。此外，书院祭祀的先贤还包括与书院创办、重建有关之人以及书院所在地的著名历史人物等。

首先来看书院对本学统、本学派代表人物的祭祀。不少书院创办的初衷不排除有科举因素，但也有很多著名书院最初是古代学者自由讲学、传播自己学术观点的场所，尤其是宋代理学兴起之后，这种情况变得更为普遍。学者在书院中讲学，书院中的就学者多同气相求并受相关学者的影响和熏陶，久之自然形成各种以初创学者为首的学派。后世弟子出于推崇学统、发扬学派等目的，往往在原有书院及自己新创办的书院中祭祀本学统、学派的创始人物和代表人物。

一般认为，上述祭祀形式最早起源于南宋朱熹及其门徒。南宋淳熙六年（1179 年）朱熹知南康军时，在军学内设濂溪祠，主祀周敦颐，以二程配祀。后来，朱熹又在建阳考亭沧洲精舍（精舍亦为书院一种形式）将周敦颐、二程、邵雍、司马光、罗从彦（李桐老师，曾师事二程弟子杨时）、李桐（朱熹老师）等"七先生"从祀孔子，从而开了祭祀道学学统及学派先师的先河。朱熹所定的这种祭祀"七先生"的形式，一方面祭祀周敦颐、二程等人，寓含他们上接孔孟"道统"之意；另一方面祭祀自己老师李桐、李桐之师罗从彦等先师，上接二程，体现本学派对"道统"的继承。朱熹去世后，其门徒黄榦又祭祀朱熹于竹林精舍祠堂内，黄榦《竹林精舍祠堂讲义》载："嘉定丙子仲秋上丁之翌日，同舍诸贤会于先师（指朱熹）之祠下，祀事毕，俾榦讲明先师教人之意。"[1]云云。可见，"竹林精舍已成为朱熹学派的学术基地，朱子学已成为主要学统，而该书院专门建有祭祀朱熹的祠堂，则比较典型地体现出这种标榜道统、推崇学统的祭祀特色"[2]。宋元以降，朱熹所作《四书章句集注》成为科举取士之准的，朱熹也从单纯为其学派书院的祭祀对象成为各地书院普通祭祀的对象。例如，清代白鹿洞书院即兴建了祭祀朱熹的专祠——朱子祠（今址见图 5–2）。

与之类似，陆九渊在象山精舍（初名应天山精舍）和槐堂书屋讲学，这两处书院也成为陆学学派重要基地。陆九渊逝世后，其弟子在这些书院设祠祭祀，以标榜本书院的学统。南宋嘉定年间，由象山精舍迁建改名而来的象山书院，专门建有"三先生祠"，祭祀陆九渊及其大弟子杨简、袁燮。再者，明代湛若水创建的书院皆祭祀他的老师陈献章；明代王守仁身后，其弟子建书院讲学，均祭王守仁；又，明代嘉靖年间，重修泰山书院，书院内部有三贤祠，祭祀孙复、石介、胡瑗，以尊泰山学派的学统。这种推崇学统、学派的祭祀，对促进学派门徒尊崇书院学统、继承学派思想发挥了重要作用。

---

[1]（宋）黄榦 . 勉斋集：讲义·竹林精舍祠堂［M］. 景印文渊阁四库全书（第 1168 册）. 台北：商务印书馆，1986：8.

[2] 郭齐家，等，主编 . 中国教育思想通史（第三卷·宋元）［M］. 长沙：湖南教育出版社，1994：181.

图 5-2　白鹿洞书院朱子祠

　　实际上，除去各学派弟子所直接创办管理的书院，后世大部分书院并不归属于某一学派，其所祭自然也并不单纯限于某一学派代表人物。明人黄宗羲曾在《宋元学案·象山学案》中提及朱熹、陆九渊后学"宗朱者诋陆为狂禅，宗陆者以朱为俗学，两家之学各成门户，几如冰炭矣。"[①]但实际上，南宋末信州鹅湖寺的四先生祠堂、信州贵溪的道一书院以及明代白鹿洞书院宗儒祠等均同祀朱熹、陆九渊。可见在不少书院祭祀中，学派彼此之间的区隔并不泾渭分明。

　　胡适曾经谈道："一时代精神，即于一时代书院所崇祀者足以代表了。"[②]的确，书院祭祀对先贤对象的选择同时代精神价值取向、学术风尚变迁密切相关。上文已经提及，宋至明时期，书院祭祀的先贤多是理学代表人物，而清代中后期之后，这种情况发生了较大的变化。乾嘉时期，重汉学而不重理学，与之对应，理学家在书院所祭先贤中的地位大大下降，不少书院不祭理学家而把不少两汉经学家作为"先贤"祭祀。如广东学海堂书院、江苏南菁书院均祭祀郑玄，杭州诂经精舍祭祀许慎、郑玄等所谓汉学家而不祭祀周敦颐、朱熹等理学家，表明当时的汉学

① （清）黄宗羲撰，（清）全祖望补修.宋元学案：象山学案［M］.北京：中华书局，1986：1886.
② 胡适.书院制史略［M］.容忍与自由.北京：作家出版社，2016：226.

家借祭祀东汉经学家来发扬光大训诂考据之学的努力。其实，清儒在这些书院中用祭祀郑玄、许慎等人来标榜他们继承的是"汉学"的学统，其性质与理学家们祭祀二程、朱熹等并无本质不同。

　　除上述与学派、学统有关的先贤，不少书院所祭祀先贤还包括书院所在地历史上著名的高风亮节之士。书院对他们的祭祀，包含了砥砺名节等道德教育的目的。如白鹿洞书院建"忠节祠"祀诸葛亮、陶渊明，原因是"重二公之忠节故也"，祀二人于书院中，"示诸生以出处之大义也"。[①]

　　对于一些历史悠久、规模较大的书院，祭祀的先贤可能不止一人一类。如创于北宋开宝九年（976 年）的岳麓书院，在此后长达千年的历史上，虽多次兴废，但一直是传播理学的重要基地，历代主事者所推崇的高风亮节之士也不止一人。故而清代时岳麓书院所祭先贤的规模就颇为庞大。如有濂溪祠专祀周敦颐，有崇道祠祀朱熹、张栻，有船山祠祀明末著名学者王夫之，还有慎斋祠祭祀乾嘉时的山长罗典[②]，屈子祠祭祀屈原等等。

三、书院创修人及名宦

　　与书院修建、重建有关的相关人物以及名宦也成为不少书院祭祀的对象。对他们的祭祀，是为了表彰他们的崇儒重教精神和对书院的贡献，鼓励后人继承、发扬这种精神，使得书院教育延续不绝。如白鹿洞书院建有"先贤祠"，祭祀对兴建书院有贡献的人物以及曾主持书院讲学的山长或名师等，包括唐代的李涉、李渤、颜翊、李善道、朱弼，宋代的明起、刘元亨、刘渔、刘恕、陈璀、黄昇等人。岳麓书院明代建有"六君子堂"，乃是祭祀宋明间对书院修建和发展有重要贡献的朱洞、李允则、周式、刘珙、陈钢、杨茂元六人[③]。

　　又如清咸同年间，湖北巡抚胡林翼在其家乡湖南益阳创办箴言书院（其父胡达源著有《弟子箴言》），虽事未成而殁，但随后建成的书院，除有先圣祠祭孔子外，另有宫詹公祠祀胡林翼父胡达源。山东济南金线泉侧的尚志书院，院址原为

---

① （明）郑廷鹄.白鹿洞志：卷四：洞祠［M］.载白鹿洞书院古志五种.北京：中华书局，1995：188.

② 罗典于清乾隆四十七年（1782 年）受聘为岳麓书院山长，主持岳麓书院前后共 27 年，对岳麓书院的建设及人才培养做出了重大贡献。

③ 朱汉民.中国的书院［M］.北京：商务印书馆，1991：92.

明代进士谷继宗别院，同治八年（1869 年）山东巡抚丁宝桢改为书院。到光绪十四年（1888 年）的时候，时任巡抚张曜增修院舍，便置祠祀丁宝桢。

四、主宰功名的神祇

早期书院设立的初衷并不是为了科举，书院中主事的理学家也大多反对书院教育以追求功名利禄为唯一目的。但随着时代推移，尤其是书院官学化以后，书院教育不可避免地与科举挂钩，举业的成败也成为衡量书院成功与否的重要标准，以致不少书院成为科举的附庸。这种情况尤以明清府县一级的书院为甚，在此类书院中，学生以追求功名为唯一求学目的，反映在祭祀制度方面，就是修建文昌阁、魁星楼等建筑，祭祀文昌帝君、奎星等主宰功名的神祇。这种书院祭祀，有较为浓厚的迷信与现实功利主义色彩。

第三节　书院祭祀仪式及其精神实质

书院祭祀的具体仪式，依所祭对象、祭祀形式等不同，有不同的仪式。如据明嘉靖刻本《白鹿洞志》卷四《洞祠》的相关记载，明代白鹿洞书院的祭祀即分"礼圣殿释菜""释奠""宗儒祠祭礼""忠节祠祭礼""先贤祠祭礼"等不同形式，彼此之间祭祀仪节亦有不同。在各种祭祀形式中，以对先圣先师祭祀——"释菜礼"和"释奠礼"为各书院所共有，也最为隆重。相较之下，"释菜礼"仪节较为简单，祭品也多简略。宋代吕大临曾言："释菜，礼之至简者，皆不在多品，贵其诚也。"[①] 各书院举行释菜礼的时间并不统一，多根据实际需要而安排。如明清时期白鹿洞书院曾规定了举行释菜礼的几种情形："每岁孟春郡守送诸生入书院""提学宪臣初入书院""主洞教官初至书院"[②] 等。"释奠礼"则较为隆重，用猪、牛，羊三牲，祭品一般为"释菜礼"时的几倍多。较大的书院举行"释奠礼"时一般还由当地的府州县长官充当献官（主祭）。"释奠礼"一般每年固定举行两次，具

---

① 引见（宋）王与之.周礼订义［M］.景印文渊阁四库全书（第 93 册）.台北：商务印书馆，1986：640.
② 明清各版《白鹿洞书院志》于《洞祠》一卷中多有记载。

体时间为春秋二季的仲月（即农历二月和八月）丁日，所以又被称为"丁祭"。

书院释菜礼与释奠礼的祭祀安排、仪节过程等和官学中的相关祭祀情形大致相同。其中释菜礼的具体仪节较为简略，这里主要以明嘉靖《白鹿洞志》（书影见图5-3）所记白鹿洞书院举行释奠礼时的情况为例①，对释奠礼祭前准备、三献等具体仪节予以简单介绍。

明代白鹿洞书院释奠礼举行日期用春秋仲月的仲丁日（当月第二个丁日），这是因为上丁日（当月第一个丁日）白鹿洞书院所在地南康府的府学亦举行释奠礼，由府官担当主献，而白鹿洞书院释奠礼亦请府官担任主献，故而延至仲丁日举行。

图5-3　明嘉靖刻本《白鹿洞志》卷四《洞祠》首页书影

祭前担任献官（南康府府官）及分献官（南康府府佐贰官及白鹿洞教官）的人需斋戒三日，斋戒时不能饮酒，不得吃荤。至于斋戒的缘由，《礼记·祭统》说："君子之齐（通"斋"，下同）也，专致其精明之德也。……定之之谓齐，齐者精明之至也，然后可以交于神明也。"②肖永明先生说，"这种斋戒实际上是一个排除外界干扰，使'心不苟虑，手足不苟动'，集中思虑、专注精神以追念祭祀对象的过程。"③传统祭祀，事前一般都有需斋戒的仪式，究其缘由，一是静心，以免亵渎祭祀对象；二是增加仪式感，使主祭者郑重其事。

此外，祭前还有"省牲"、陈设祭祀礼器、布置祭品等环节。所谓"省牲"，即祭前提前审察祭祀用的牲，检查其是否完好无病，以示对祭祀的慎重与虔诚。至于礼器、祭品等的陈设与布置具体如下：孔子前设一羊、一猪两牲及三爵、一登、二铏、簋簠各二、笾豆各八、一酒罇、一篚等各式礼器，另陈设一帛（白色，

① 据（明）郑廷鹄.白鹿洞志：卷四：洞祠［M］.载白鹿洞书院古志五种.北京：中华书局，1995：182-187.

② 礼记正义：祭统［M］.影印清嘉庆阮元刻本.北京：中华书局，2009：3480.

③ 肖永明.儒学·书院·社会——社会文化史视野中的书院［M］.北京：商务印书馆，2012：358.

长一丈八尺）。配祀孔子的"四配""十哲"以及两庑所祀之贤哲,陈设物品则"以次递减"。礼器中盛放各色祭品。笾中放有:形盐（一种制成虎形的盐块）、藁鱼（干鱼）、枣、栗、榛、菱角、芡、鹿脯、白饼（白面所制）、黑饼（荞麦粉所制）、糗饼（米粉所制）、粉粢（糯米所制）。豆中放有:韭菹（一种腌渍的韭菜）、菁菹、芹菹、笋菹、醓醢（一种用盐、酒、佐料调过的猪肉酱）、鹿醢（鹿肉酱）、兔醢、鱼醢、豚胉（白鹿洞书院用的是猪嘴上肉）、脾析（用盐、酒所腌制的细切牛胃）、酏食（一种用羊脂蜜熬的糯米饭）、糁食（用细切牛羊猪肉同粳米饭同熬而成）。簠里面放有:黍、稷。簋里面放有:稻、粱。登里面放有:大羹（不用盐等佐料的猪肉汤汁）。铏里面放有:和羹（用菜料调过的汤汁）。

祭祀当日的仪式大致如下所记:①

首先,司仪引导献官（主祭者）、分献官等就位,瘗毛、血（即将祭祀用牲的毛及血埋于土坎中）,迎神,献官、陪祭官等在司仪的引导下四鞠躬。

之后行向孔子行奠帛、初献之礼。司仪引导献官盥手,献官持玉笏,捧帛者捧帛,执爵者执爵（事先酌满酒）。捧帛者、执爵者先于献官进入殿中等待,司仪引导献官从左门入殿,到孔子神位前。献官跪,进帛者跪,向献官递帛,奠帛于神位前案上。然后执爵者跪,向献官递爵,献爵于神位前。献官俯拜,起身。

之后读祭祀孔子的祝文。读祝文的位置在殿中香案前,献官及读祝者、陪祭官等皆跪,读祝者读祝文（祝文内容、格式见下文所引）,读毕将祝文放置于香案之上。众人俯拜,起身。

之后祭祀"四配"。献官等分别于复圣颜子、宗圣曾子、述圣子思子、亚圣孟子此"四配"的神位前跪,奠帛、献爵,仪式大致同前。同时,分献官于"十哲"神位及两庑所祭历代先儒神位前行礼。

之后,献官行亚献礼,仪式同前初献礼。再行终献礼,仪式亦同前。

之后献官饮福受胙。捧福酒者捧酒,捧福胙者捧胙,立于神位前案之东。司仪引导献官至饮福位,饮福位与之前读祝位同地,献官跪,捧福酒者跪,进福酒于献官,献官于是饮福酒,饮毕,捧福酒者接爵。捧福胙（祭祀用肉）者跪,进

---

① 下文祭祀仪节主要根据（明）郑廷鹄.白鹿洞志:卷四:洞祠·释奠.载白鹿洞书院古志五种
  [M].中华书局,1995:185–186.

福胙于献官，献官受福胙，由捧福胙者捧出。献官俯拜，平身。献官、陪祭官再两鞠躬。

之后彻馔。诸位执事者将神位案上的笾豆等祭祀礼器并祭品撤下。送神，献官、陪祭官均四鞠躬。

读祝者取案上的祝文，捧祝，进帛者取帛，捧帛，两人一同到瘗位，司仪引导献官到瘗位。焚祝、帛。至此礼毕。

祝文内容亦有一定的格式，一般需要写明时间、地点、献官（主祭）官职姓名、参加祭祀人员等以及对孔子、"四配"的赞语，申明祭祀之意：

维某年岁次（甲子）某月（甲子）朔，越某日（甲子），江西布政司南康府某官某等，谨率白鹿洞师生，敢昭告于至圣先师孔子：惟师德配天地，道贯古今，删述六经，垂宪万世。惟兹仲（春／秋），谨以牲帛醴齐、粢盛庶品，式陈明荐。以复圣颜子、宗圣曾子、述圣子思子、亚圣孟子配。尚飨！

整个过程，礼仪相当繁复，与祭者在赞（司仪）的引导下不断地行鞠躬、跪拜、行献等仪节。显然，这一整套祭祀礼仪并不是单纯地奉献祭品及重复各种动作，它更多想要表达的是一种行礼者内心的真诚与崇敬之情，即《礼记·祭统》所谓的"贤者之祭也，致其诚信与其忠敬"。这种诚信与忠敬首先发自内心，其次表现、流露为外在的具体仪节。所以古人说，"夫祭者，非物自外至者也，自中出生于心也，心怵而奉之以礼，是故唯贤者能尽祭之义。"[1]也就是说，祭祀首重行礼者对于祭祀对象的强烈的崇仰之情，外在的一整套礼仪都是这种崇仰之情的表现。有学者曾总结道："书院的祭祀，重在不厌其烦的过程与隆重庄严的场面，祭祀所要达到的效果，主要也是通过这些'繁文缛节'和参加祭祀者的虔诚言行举止来实现的。"[2]

书院祭祀所用祭文的内容，同样鲜明地表达了行礼者对祭祀对象的崇仰之情。很多书院祭文在祭祀先贤时，注重对祭祀对象学术理论、伦理道德、品行原则等

---

[1] 礼记正义：祭统［M］.影印清嘉庆阮元刻本.北京：中华书局，2009：3478.

[2] 曾令存.客家书院［M］.广州：暨南大学出版社，2015：82.

的赞扬，一方面试图阐明祭祀对象之所以受到供祀的原因，另一方面也有试图通过对祭祀对象的赞扬，激发书院师生效仿先贤、崇儒重道的意愿。例如，明代白鹿洞书院在释奠孔子的祝文中称颂孔子"德配天地，道贯古今，删述六经，垂宪万世"[①]，在祭祀先贤的祝文中称颂诸位周敦颐、朱熹、陆九渊等"于惟三先生，天挺英豪，应运而出，过化是邦，有著有述。图书惟精，知行合一，义利之辩，炳若星月。垂训鹿洞，翰墨充积，道学宗盟，万世矜式"等等。类似的祝文尚复许多，但内容均大同小异。即便如今，无论是孔庙祭祀还是书院祭祀，若有祝文，大多仍不出以上范式。

第四节　礼乐教育其他形式及其在现代书院中的活化

祭祀是古代书院礼乐教育的最重要形式，但书院的礼乐教育形式不仅有祭祀，还包括乐教、礼射等其他形式。现代书院中传统祭祀活动已经淡化，目前国内对孔子等先贤的祭祀主要遗存在孔庙中，公私书院由于场地限制等原因，一般很少举办传统的祭祀仪式[②]，而多采用礼拜孔子像、举办开笔礼、成人礼等形式。与祭祀淡化相对的是，国内书院吟诵经典、举办礼射等其他礼乐教育形式则蓬勃发展。

一、传统书院礼乐教育中的乐教和礼射

客观来说，传统书院中的乐教并不如祭祀等礼仪活动普遍，各书院志对其记载也相对较少，但"乐"属儒家六艺"礼、乐、射、御、书、数"之重要一端，孔子言："兴于诗，立于礼，成于乐"，将"乐"看作人格养成的至高阶段；祭祀等礼仪活动中须有乐配合；咏诗吟唱、琴弦自娱也是书院文人陶冶情操、修身养性的重要手段。故而在传统书院教育中，乐教这一教育形式也延绵不绝，寓于书院日常的教学之中。

书院中的"乐教"主要包括"歌诗"、诵读经典、学习乐器等形式。据《宋史·

---

① （明）郑廷鹄．白鹿洞志：卷四：洞祠·释奠．载白鹿洞书院古志五种［M］．中华书局，1995：186.
② 港台地区及日韩等国书院中还或多或少保留了一些传统祭孔仪式。

乐志》记载："宋朝湖学之兴，老师宿儒痛正音之寂寥，尝择取《二南》《小雅》数十篇，寓之埙篪，使学者朝夕咏歌。自尔声诗之学，为儒者稍知所尚"①。可见北宋胡瑗在湖州讲学之时，就已经非常重视"歌诗"这一做法。

明代大儒王阳明也十分重视书院教育中"歌诗"这种"乐教"形式，将其与"习礼""诵书"一道作为书院日常学习的重要内容。在其所作《教约》中，王阳明详细阐明了"歌诗"的具体要求及做法：

> 凡歌诗，须要整容定气，清朗其声音，均审其节调。毋躁而急，毋荡而嚣，毋馁而慑。久则精神宣畅，心气和平矣。每学量童生多寡，分为四班。每日轮一班歌诗，其余皆就席，敛容肃听。每五日，则总四班递歌于本学。每朔望，集各学会歌于书院。②

王阳明还指出了"歌诗""习礼"等礼乐教育形式的重要功用："凡习礼、歌诗之类，皆所以常存童子之心，使其乐习不倦而无暇及于邪僻。"

秉承"知行合一"理念的王阳明，更是身体力行"乐教"。《王阳明年谱》载明武宗正德八年（1513 年），王阳明在滁州任太仆寺少卿，"地僻官闲，日与门人遨游琅琊、瀼泉间。月夕则环龙潭而坐者数百人，歌声振山谷。诸生随地请正，踊跃歌舞。旧学之士皆日来臻，于是从游之众自滁始。"③可见，歌舞与教学相辅相成、相得益彰，已经成为当时王门教学的一种重要形式。

此外，书院中还有诸如射礼等其他礼乐教育形式。例如清代湖南箴言书院，有射圃，书院中的诸生习业之余，也举行射箭活动。但古代书院中多有重文轻武的倾向，从现存各书院志中即可看出，书院祭祀一般有专卷详细记载，而关于射礼的记载却很少。可见在传统书院中，射礼等礼乐教育形式并不如祭祀那样普遍。不过，释奠礼、释菜礼等祭祀仪式，儒家经典中并无详细记载，与之相反，《仪礼》中有《乡射》《大射》两篇，较为详细地记载了举办射礼的具体仪节，成

---

① （元）脱脱，等 . 宋史：乐志十七·诗乐 . ［M］. 北京：中华书局，1985：3339.

② （明）王阳明，撰，邓爱民，注疏 . 传习录注疏［M］. 上海：上海古籍出版社，2015：177.

③ （明）钱德洪，等 . 王阳明年谱，王阳明全集：卷三十三［M］. 上海：上海古籍出版社，2011：1363.

为古代书院乃至现代书院中举办礼射活动的重要依据。

二、现代书院中礼乐教育的活化

在现代书院办学实践中，礼乐教育的内涵也在与时俱进，新的形式不断产生。虽然国内书院祭祀仪节多有消亡，但祭祀的精神实质却延绵不绝，祭祀的一大精神实质就是礼敬先师，现在书院中普遍存在的开笔礼、成人礼、礼敬孔子像等相关礼节，表现的就是对传统文化、对孔子等先师先贤的尊崇。此外，各书院中还普遍存在诵读《论语》《孟子》《大学》《中庸》等活动，也可以看作"乐教"的一种形式。

图5-4　清华大学彭林等
主编《礼射初阶》

在现代书院各种礼乐教育形式中，射礼之发展尤其令人瞩目。究其原因，一是射礼仪节在儒家传统经典《仪礼》中有详细的记载，自古以来传承不绝；二是射礼可与现代体育竞技相联系，蕴含强健体魄的思想内涵。

"从经典中来，到经典中去"，是现代射礼的一大特点。各地书院中的射礼多依《仪礼》，清华大学中国礼学研究中心甚至还根据《仪礼》复原了周代的射礼仪节，并以图书（见图5-4）、影像的形式将其复原成果公开[1]，尽管在某些细节上尚存争议，但毕竟是第一个以多种形式为人提供直观印象的射礼成果，其权威性、可靠性还是无须怀疑的，可以而且应该成为书院举办射礼时可资借鉴的重要参考。

然而古礼繁复，南宋时朱熹就慨叹"古礼于今实难行"[2]"礼，时为大。有圣人者作，必将因今之礼而裁酌其中，取其简易易晓而可行，必不至复取古人繁缛之礼而施之于今也。古礼如此零碎烦冗，今岂可行！亦且得随时裁损尔。"[3]也

---

① 清华大学中国礼学研究中心"礼射八法"教学视频：http://v.youku.com/v_show/id_XMTU1ODg4OTQ0MA==.html?from=s1.8-1-1.2.

②（宋）黎靖德编，王星贤点校.朱子语类：卷八四：礼一·论考礼纲领［M］.北京：中华书局，1986：2178.

③（宋）黎靖德编，王星贤点校.朱子语类：卷八四：礼一·论考礼纲领［M］.北京：中华书局，1986：2178.

就是说，朱熹认为礼制的实行具有时代性，后世要完全按照经典原文实行古礼显然是有困难的。的确，由于古今时势不同，衣着、饮食等风俗都发生了极大的变化，所以全依经典旧制并不现实。因此很早古人就已经认识到，礼的制定与实行要随时代变化而有所损益，合今世之宜则取之，不合则去之。

基于以上认识，并考虑到现时各地书院的具体情况。这里根据《仪礼·乡射礼》原文，结合现代形式，删繁就简①，用现代汉语将射礼主体部分的步骤具列于下②，供书院举办射礼时参考：

1. 射前准备

安排负责维持秩序的工作人员一人（《仪礼》中称"司马"）③、负责教导示范的射箭老师（司射）一人、记录中靶数的报靶人（获者）一人。工作人员张设箭靶（射侯），箭靶距射箭处约一百米④，画好射箭时所站立处的射位（物）。报靶人所在的位置为箭靶至射箭处距离三分之一靠近箭靶处并稍偏，另设有保护板（乏）供报靶人遮蔽，总之既不要挡住射箭，又要确保自身安全。另设国乐队奏乐或放音乐。比赛开始前，无论是射箭老师还是参赛人员均应做好射箭准备及防护措施，如穿不太宽松的汉服，右手大拇指套上扳指（决）⑤、左臂上穿上皮质套袖（遂）⑥等。

参赛者每六人分成三组（上耦、次耦、下耦）。射前，在工作人员的引导下，参赛者相互礼让去取箭四支，手上拿着一支箭，腰带的右边插三枝箭（搢三挟一）⑦，左手握着弓把，右手拇指勾着弓弦站立。

2. 正式仪式

参赛者正式比赛之前，有射箭老师教射（司射诱射）的环节，射箭老师射四支箭示范。之后射礼正式开始，参赛者共要进行三番射。

① 完整的射礼还包含饮酒等仪节，这里从略。
② 仪礼的译注本，主要有杨天宇先生的《仪礼译注》（上海古籍出版社）和彭林先生的《仪礼全译》（贵州人民出版社初版、中华书局再版），这里主要参考了杨天宇先生的译注和彭林先生主持的复原成果。
③ 本节下文括号中的文字均系《仪礼·乡射礼》相关原文，供读者参看。
④ 现代可根据实际情况减小这个距离。
⑤ "决"系勾弦时护指所用。
⑥ "遂"用来防止射箭时左臂衣袖碍弦。
⑦ 现代也可将四支箭统一放在参赛者随身所佩的箭袋中。

第一番射：三组轮流射箭。第一组（上耦）射前，工作人员指挥报靶者到遮挡板后面计靶，教射老师（司射）提醒射手注意不要误射报靶者，然后本组两人（上射、下射）才开始轮番射箭，每射中一箭，报靶者都会在遮挡板后记录，直到将四支箭射完为止。此番射箭为试射，不计成绩。三组都射完箭后，工作人员将所射之箭取回，将其四支一组放在箭架（楅）上，随后三耦依次到箭架中将箭矢取回。

第二番射：此次射箭，统计中靶之数，工作人员事先讲清规则，"没有射中箭靶正中的，不算中靶！"三组依次而射，计靶者统计中靶数，所有组都射完后，计靶者宣布每组的胜负和各人中靶数，不胜的一方可罚饮料一杯。在举行下一番射箭前，仍如上所言，工作人员将所射之箭放回箭架，参赛人员再将其取回。

第三番射：此次射箭，配乐①，参赛者需按音乐节拍射箭，否则不算中靶。其他情况如第二番射，不胜者可罚饮料。射完后，参赛者到箭架处取回箭矢，与弓一起，交还工作人员。之后工作人员清场，撤下箭靶、箭架等，至此射礼的主体部分结束。之后可以根据实际情况安排娱乐活动（替代原有的饮酒仪式）。

传统射礼的核心目的在于选贤、尊贤，而不在于尚武力，所以全套仪节相当繁复，尤其是包含了参与者大量进退揖让的仪节，这里仅是结合现代书院射礼的实际情况做了高度简单化的概括，而且仅仅包含实际射箭的环节，有兴趣的读者可以自行参看《乡射》《大射》等《仪礼》原文及现代学者对射礼的相关复原成果。现时书院习射礼，除应包含强健体魄的意味外，更应该重视、追求其所展示出的古人尚谦让、崇恭敬的精神内涵。

---

①《乡射礼》中言奏《诗经》中的《驺虞》，现今可用其他合适的传统音乐替代。

第六讲

书院山长名家对文化传承的组织引领

胡适曾说："在一千年以来，书院实在占教育上一个重要位置，国内的最高学府和思想的渊源，惟书院是赖。……要知我国书院的程度，足可以比外国的大学研究院。"[1]一语点破历史上书院对文化传承及发扬的重要作用。书院在文化传承方面作用的发挥，离不开山长的引领。自书院产生之后，基本上每个书院都设山长，山长既是书院管理的总负责人，也对书院的学术引领、精神传承起到了重要作用。

现代书院中多不像大学、研究所等研究机构那样可以长期聘任专家学者讲学，而是采取名家讲座等形式，整合协调各方面专家学者资源，举办系列专题讲座。此种形式，成为弘扬、传播、普及中华优秀传统文化的重要途径，在实质上也是对以往山长组织引领的继承和发展[2]。

第一节　山长制度的形成及演变概述

山长是书院教学、日常管理的总主管，最初没有特殊头衔，得名"山长"可能是因为早期书院多创建于山林幽静之所。通常认为，唐代始有此称，宋人马永

---

[1] 胡适.书院制史略［M］.容忍与自由.北京：作家出版社，2016：223.

[2] 如山东省图书馆尼山书院相继组织了"孔子公开课""孟子公开课""朱子公开课""阳明学公开课"等一系列名家讲座。各系列讲座均采取和知名高校专家教授合作的方式，邀请相关专家学者就某一主题举办连续讲座。讲座以服务普通大众为目的，对国学的普及、儒学的现代传播产生了积极的影响。

易《实宾录》中记载："唐刺史孙丘置学舍于州北古台山，以尹恭初为山长。"①宋初陶岳《荆湘近事》亦载："五代蒋维东隐居衡岳，受业者号为'山长'。"②可见唐五代时，即有"山长"一名，不过彼时书院处于初创阶段，山长一名并未正式成为书院主教者的普遍称呼。宋初，不少书院依山林创办，其掌教者正式有"山长"一称。如宋太祖开宝五年（972年）潭州太守朱洞捐资兴建岳麓书院，即聘周式为首任"山长"。山长名号之外，后世亦有"洞主"之类称号，如白鹿洞书院有"洞主"，不过此类称号源自特殊的书院名称，整体来说较为少见。

北宋之后，书院制度日趋严密，山长一人已经无法维持，故而或增设副山长，或另有堂长、副讲、助教等职。至于山长的选任方式，则有礼聘和官方任命两种形式。早期书院多是私人讲学组织，主持者多是积学宿儒，不受朝廷官爵，亦不食朝廷俸禄，此时山长往往采用礼聘的方式。南宋以后，随着书院的官学化，不少书院山长逐渐成为官方任命的学官。如南宋理宗年间以后，书院山长或由州学教授等兼任，或直接由吏部选派，与州学教授几无二致。元代书院山长基本都是官方任命，很多书院主事者都加以"选""授""除""迁""调""署""诠注"字样，几乎等同于学官③。明初洪武年间，朝廷撤销官办书院中的山长一职，改由州县训导主持，随后不久撤并了所有这些等同官学的书院。明朝中后期以后，书院禁令渐弛，不少地方官员带头重建、新建书院，也有学官兼任书院山长的情况。清代尽管书院多系公立，但山长转又多为礼聘，一般只负责教学、考课等事务，至于行政管理等其他事务，多另设监院等承担。

清乾隆三十年（1765年），清高宗下谕："各省书院延师训课，向有山长之称，名义殊为未协，既曰书院，则主讲席者，自应称为院长"④，诏改"山长"为"院长"。但人们在习惯上仍称山长。但直到光绪年间，山长之名仍然流行。光绪二十七年（1901年），诏改各省书院为学堂，山长与书院一起成为历史。

---

① （宋）马永易．实宾录：卷十一：山长．景印文渊阁四库全书（第920册）．台北：台湾商务印书馆，1986：415.
② 引自宋代马永易撰《实宾录》不分卷明抄本，唯此抄本载此《荆湘近事》出处。
③ 聂崇岐．书院和学术的关系［M］．载卞孝萱，徐雁平，编．书院与文化传承．北京：中华书局，2009：7.
④ 王先谦．东华录东华续录（第5册）：乾隆三十年十一月己卯［M］．上海：上海古籍出版社，2008：120.

书院山长的人选直接决定书院的声望以及人才培养的高下程度。官方任命的暂且不论，延聘山长，则需请学识渊博、品行端正的硕学宿儒来担任。大多数地方官及书院的主持者对此也有清醒的认识。如清康熙《白鹿书院志》中便规定，白鹿洞书院的洞主（即山长）应"礼聘海内名儒，崇正学，黜异端，道高德厚、明体达用者主之"①。咸丰年间创办的湖南益阳箴言书院，要求"务访品行端正，经学淹通，有名于时，无玷于躬者"担任山长②。但随着书院尤其是府县一级的书院逐渐成为培养科举应试之人的场所，山长人选出现了只顾功名（类似现在的学历）、专看官位名望的情形。山长人选，即便有真才实学，

图 6-1　清人所绘阮元像

若无科举功名，也不为书院诸生认可。如"李越缦（李慈铭）初以捐纳户部郎中掌蕺山（书院名，在绍兴），终受齮龁而去；江瀚以监生为黎莼斋（黎庶昌）聘掌川东书院，大受诸生攻讦。"③此外，亦有才识庸聩的腐儒贪慕薪俸及虚名，即"利其修脯以济乏，或贪其悠闲以养名"④，钻营官府以求掌教书院，结果导致不少书院成为失意官僚、庸碌儒士聚集的场所。

有鉴于此，清代也有些书院对山长的设置不做强制性规定，甚至直接不设山长。上文提及的须聘名儒任山长的白鹿洞书院，同时也规定，山长若无合适人选，"无则不妨暂缺"，也就是说选聘山长宁缺毋滥。清朝道光年间，阮元（阮元像见图 6-1）于广州创建的学海堂书院，该书院与其他书院不同的一大特色就是不设山长。《学海堂章程》明确规定："本部堂（指阮元）酌派出学长吴兰修、赵均、林伯桐、曾钊、徐荣、熊景星、马福安、吴应逵共八人，同司课事。其有出仕等

---

① （清）毛德琦，重订．白鹿书院志：卷一一：艺文［M］．载白鹿洞书院古志五种．北京：中华书局，1995：1230.

② （清）胡林翼．箴言书院规制［M］．载陈谷嘉，邓洪波，主编．中国书院史资料．杭州：浙江教育出版社，1998：1610.

③ 邓之诚．清季书院述略［M］．载卞孝萱，徐雁平．书院与文化传承．北京：中华书局，2009：12.

④ 清代咸丰年间湖北松滋知县汪维诚重修鸣凤书院，为之作记，此言出其记中。

事，再由七人公举补额，永不设立山长，亦不允荐山长。"①

后来即有学者评论道："此文达深知山长一人不能兼赅众长，且有鉴于其时滥荐山长之积习也。故文达之言曰：学长责任与山长无异，惟此课既劝通经，兼赅众体，非可独理，而山长不能多设。此学堂专勉实学。必须八学长各用所长，协力启导，庶望人才日起，永不设立山长，与各书院事体不同也。"②也就是说，阮元鉴于当时有滥荐擅长的习气，且考虑到山长一人毕竟不能"兼该众长"无所不精，所以决定学海堂书院不设山长，这种情况不能不说是对山长制度积弊的一种尝试性矫正。

第二节　山长的管理职责与学术引领

书院山长的职责，一是管理，二是学术引领。历史上的书院山长，或重管理，或重学术引领。在某些书院中，山长本身就是著名学者，同时在书院管理上亦有创举，故而两方面的职能都能很好地履行。

首先来看书院山长的管理职责。在很多书院的创办、重建以至发展壮大中，一个优秀的山长必然也是一个优秀的管理者。正是在山长的管理之下，书院的相关制度从无到有，运作逐渐步入正轨，规模也从小到大，甚至发展为全国数一数二的大书院。以岳麓书院为例，北宋初创建之时，规模、名气并不大，直至真宗大中祥符年间，周式任山长，岳麓书院才迎来快速发展时期。大中祥符八年（1015年），宋真宗召见周式，欲留之任职国子监，周式婉言辞谢，而回岳麓书院讲学如初。宋真宗题赐"岳麓书院"匾额，此后岳麓书院开始名闻天下。随着书院名气的增大，求学者日益增多，周式便请求地方官府拨款扩建书院，此后周式还为书院制定了明确的办学方针、缜密的教学计划和相关规章制度等，使书院的管理日趋规范。

南宋时，张栻任岳麓书院山长，张栻反对科举利禄之学，主张书院教育培

① （清）阮元.学海堂章程［M］.载邓洪波.中国书院章程.长沙：湖南大学出版社，2000：221.
② 瞿兑之.养和室随笔［M］.沈阳：辽宁教育出版社，1997：14.

养"可传道而济斯民"的有用人才，其任内对岳麓书院进行了一系列的教育改革和学术建设。在张栻的引领下，岳麓书院成为一时的学术中心。乾道三年（1167年），朱熹来访，与张栻论学，举行了历史上有名的"朱张会讲"，二先生论《中庸》之学，前来听讲者络绎不绝，甚至"一时舆马之众，饮池水立涸"，此次会讲，进一步扩大了岳麓书院的影响。可以说，作为山长、负有管理职责的周式与张栻，为岳麓书院的发展壮大乃至成为当时全国闻名的四大书院之一做出了重大贡献。

除此之外，历史上为书院管理做出重大贡献的山长中，不得不提的就是朱熹。南宋孝宗淳熙年间，朱熹知南康军，以地方官的身份主持重修白鹿洞书院，后自兼白鹿洞书院洞主（山长）。朱熹任内，为白鹿洞书院延聘名师、招收生徒、划拨田产，以保证书院的正常运作，对书院的发展及各项管理制度走向正轨发挥了重要作用。

更为重要的是，朱熹手订《白鹿洞书院揭示》，成为后世多数书院所共同尊奉的学规，学规的创立是书院管理走向制度化、规范化的一个重要标志。今节录其关键文句如下：

父子有亲，君臣有义，夫妇有别，长幼有序，朋友有信。

右五教之目。尧舜使契为司徒，敬敷五教，即此是也。学者学此而已，而其所以学之之序，亦有五焉，其别如左：

博学之，审问之，慎思之，明辨之，笃行之。

右为学之序。学、问、思、辨四者，所以穷理也。若夫笃行之事，则自修身以至于处事接物，亦各有要，其别如左：

言忠信，行笃敬。惩忿窒欲，迁善改过。

右修身之要。

正其义，不谋其利。明其道，不计其功。

右处事之要。

己所不欲，勿施于人。行有不得，反求诸己。

右接物之要。[①]

---

① （宋）朱熹.白鹿洞书院揭示［M］.载朱子全书（修订本）·晦庵先生朱文公文集.上海：上海古籍出版社，合肥：安徽教育出版社，2010：3586–3587.

该《揭示》用概括化的语言对书院生徒提出了为学修身方面的要求，也对生徒为人处事方面作了规定，言简意赅，内涵丰富。绍熙五年（1194 年），朱熹任职潭州（今长沙），将此《揭示》带到岳麓书院；朱熹逝世后，宋理宗于淳祐元年（1241 年）亲书此揭示加以提倡。在官方的推动下，《揭示》成为天下官学和诸多书院沿用的学规，即便某些书院创立了自己的学规，也多仿其精神与内涵而略加变通。明代以后，它的影响力甚至走出中国，为日本、朝鲜等国学校沿用，《揭示》甚至有日本刻本（见图 6-2）。即便现代，它的精神也并未过时，国内一些学校仍将其中的某些文句奉为校训，可见其影响之深。

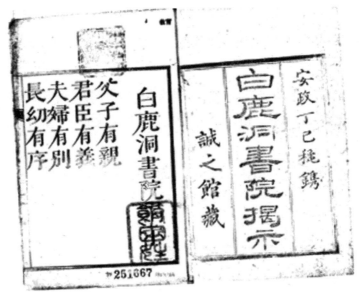

图 6-2　日本安政四年（1857 年）刻本《白鹿洞书院揭示》书影

再来看山长的学术引领。根据书院及山长具体情况的不同，山长的学术引领有不同的形式，或山长本人即为学术名家，亲自主讲、著书立说，形成以山长为首的学派。朱熹先后主讲白鹿洞书院、紫阳书院等，后世门徒逐渐形成朱子学派，这是其中最为著名的。此外，山长的学术引领还有延请名儒会讲、主持考课、编写教材讲义等形式。

延请名儒会讲方面，如南宋孝宗淳熙八年（1181 年），朱熹任职南康军时，亲自主持白鹿洞书院，邀请陆九渊讲学，陆九渊讲《论语》"君子喻于义，小人喻于利"一章，据说听者感动，至有泣下者。朱熹当时也表态说："熹当与诸生共守，以无忘陆先生之训。"①明代中期以后，特别是阳明学派和湛若水学派兴起之后，书院中自由讲学、讲会之风更为盛行。不同学派的人通过讲会的形式进行辩论，客观上也促进了学术的发展。不少书院每月均有会讲，会讲时多由山长主讲一段，讲毕令生徒自由讨论，这种形式，使得师生之间、生徒之间能够在互相切磋中提升学术水平。

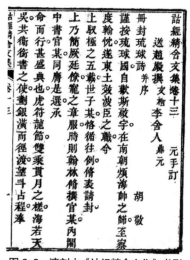

图6-3 清刻本《诂经精舍文集》书影

书院考课是考核书院中生徒水平的重要手段，对于保证书院的教学质量有重要意义。考课制度起源甚早，宋代书院中即已出现，如南宋时岳麓书院已经有比较完备的考课制度，史载"州学生月试积分高等，升湘西岳麓书院生；又积分高等，升岳麓精舍生。"②明代书院考课时多由山长出题，应试者甚至不限书院学生，凡合于应试资格的人，即可往书院应试。清代书院中更是盛行考课制度，一般山长出题，考课的内容多为八股时文，目的是服务科举。不过清代中期以后，也有不少注重"朴学"的著名书院考课时不试八股而重考据训诂，如嘉道年间阮元主持诂经精舍、学海堂书院时即如此，这两所书院中生徒的很多考课试卷本身也是水平较高的论文，阮元将其中优秀的考课文汇集刊行了《诂经精舍文集》（见图6-3）以及《学海堂集》等。

至于编写教材，南宋张栻为岳麓书院山长时，编写了《论语解》《孟子说》作为书院讲学的讲义。朱熹在白鹿洞书院讲学，留有《白鹿洞书院讲义》，其在长时间教学研究过程中编写的代表作《四书章句集注》还成为后世书院通行的教材。吕祖谦主讲丽泽书院时，也编写有《丽泽论说》《丽泽讲义》等作为书院教学的讲义。很多著名理学家的弟子还将他们老师在书院及平时讲学中的言论以及师生切磋论学的话语记载下来，形成诸如《朱子语类》、陆九渊《语录》以及王阳明《传习录》等"语录"类书籍。

① （宋）陆九渊著，钟哲点校.陆九渊集：卷三十六：年谱［M］.北京：中华书局，1980：492.
② （元）脱脱，等.宋史：尹谷传［M］.北京：中华书局，1985：13257.

第三节　书院山长与宋元理学的传承发展

书院在宋代的兴起与理学的发展相辅相成。理学家或创办书院，或接受礼聘而到书院中传播理学思想，促进了书院的发展壮大。反过来，书院成为理学思想研习、传承的基地，又推动了理学学术的进一步发展。

一般认为，书院与理学的结合源自北宋周敦颐在濂溪书院讲学之时。此后二程也多次在书院中讲学，英宗治平年间，程颐到嵩阳书院用理学的观点讲授《论语》《孟子》《大学》《中庸》等书；哲宗元祐年间，程颐又到嵩阳书院讲授《周易传》。正因为二程和嵩阳书院的密切关系，嵩阳书院一直被看作理学中"洛学"产生和传播的重要基地。

不过无论周敦颐还是二程，都还不能算严格意义上的山长。南宋时期，书院山长制度与理学的发展、传播才更密切地结合起来。这一时期，很多书院的山长都是理学名家，他们将书院作为理学研究与传播的基地，对理学学说的体系化、理学人才的培养方面都发挥了重要作用。例如南宋绍兴初年，胡安国、胡宏父子于湖南衡阳创办碧泉书院、文定书堂讲学，传播理学思想。孝宗年间，著名理学家张栻任岳麓书院山长，将理学思想带到岳麓书院，他曾与来访的朱熹进行了著名的"朱张会讲"，听者甚众，既扩大了书院的影响力，也促进了理学向社会大众的传播。

将书院自觉作为传播理学工具的是朱熹。孝宗淳熙十年（1183 年），朱熹被排挤出朝廷而回到福建，他在武夷山创办武夷精舍（后称武夷书院、紫阳书院），此后六七年的时间，一边在书院讲学，一边从事著述，期间注解《四书》，完成了《易学启蒙》《中庸或问》等著名理学著作。光宗朝朱熹被起复之后，他每到一处做官，或修复原有书院，或新建书院，总之利用书院来传播理学思想。其中最著名者莫过于知南康军时主持复建白鹿洞书院，并"每休沐辄一至，诸生质疑问难，诲诱不倦"[①]，除亲自讲学外，他还邀请名儒陆九渊等到书院中讲学、传播理学思想。此外，绍熙年间朱熹到长沙任职，修复了岳麓书院；后来在福建建阳还创办竹林精舍，这些书院都成为朱熹传播理学学术思想和观点的场所。

---

① （清）王懋竑撰，何中礼点校.朱熹年谱：附录一：传记资料·朝奉大夫文华阁待制赠宝谟阁直
　　学士通议大夫谥文朱先生行状［M］.北京：中华书局，1998：494.

　　朱熹的门人后学也在各地创办书院，既将理学作为书院教学的内容和指导思想，又将书院作为理学社会化的重要手段。如门人彭蠡，在南康军都昌县自己的故乡石潭坂建精舍讲学，再传弟子江万里在庐陵创办白鹭洲书院，其余弟子及再传、三传弟子等，所建书院累计不下数十，这些书院都成为崇奉朱熹、传播理学的重要基地。南宋理宗之后，朱熹的学说得到朝廷承认而成为儒学正宗，科举考试取之为标准学说，理宗还为不少传播理学的书院题赐匾额，进一步推动了理学的传播。

　　除朱熹外，陆九渊创办象山书院讲学，其门人也创办多所书院宣讲陆学。其后，著名理学家真德秀建西山精舍、明道书院等讲学；魏了翁在邛州、靖州、泸州、苏州等多地建鹤山书院传播理学思想，培养了大批尊奉理学的门生后学，他的再传弟子李芾任职潭州时，率领岳麓书院师生共同抗元，全部力战殉国，展示了崇高的精神气节。

　　作为山长的理学名家不仅创办书院，他们还编纂理学教材、订立课程等，从学习模式上保证理学的传播后继有人。书院中使用理学教材、设置系统专门的理学课程，可以看作理学思想渗透下的书院所独具的特点，反过来这些也是理学传播、发展的重要基础。自从书院和理学结合后，书院教材方才理学化，才有了专门的理学课程设置，而作为理学名家的山长无疑对书院的这些改变起到了重要作用。

　　完善的课程设置，首先必须有完备的理学教材。南宋理学家致力于用理学的观点对经书进行重新阐释。他们解经注经的突出特点，就是偏重于义理的发挥，而不重文字训诂，这与他们之前汉唐经学家的解经方式形成了鲜明的对比。但理学家毕竟还是儒学家，可以对儒家经典进行重新解释，但不能抛弃传统经书而另起炉灶。因此，理学家除了自身著作外，也十分注重对儒家经书的注解和传习。从北宋理学家开始，《论语》《孟子》《大学》《中庸》组成的所谓"四书"的地位逐渐提高，尤其是朱熹，在先前理学家注释的基础上，编纂成的《四书章句集注》成为以理学思想解经的代表作品，大行于书院教学。此外朱熹《周易本义》《诗集传》、胡安国《春秋传》等这些包含理学思想内容、经过理学家重新解释的儒家经典，无不成为书院中重要的教学讲义和课程内容。

　　朱熹还主张书院学生阅读著述遵循一定的顺序，他认为应该先读《近思录》，次读《四书》，然后读《六经》。读《四书》亦应有顺序："某要人先读《大学》，以定其规模；次读《论语》，以立其根本；次读《孟子》，以观其发越；次读《中庸》，以求古人之微妙处"。[1]朱熹的主张，多为后世书院制定课程时所遵循，如南宋时福建延平书院所定课程表，就以之为本：

（一）早上文公《四书》，轮日自为常程。先《大学》，次《论语》，次《孟子》，次《中庸》。六经之书，随其所已，取训释与经解参看。

（二）早饭后编类文字，或聚会讲贯。

（三）午后本经论策，轮日自为常程。

（四）晚读《通鉴纲目》，须每日为课程，记其所读起止，前书皆然。

（五）每月三课，上旬本经，中旬论，下旬策。课册待索上看，佳者供赏。[2]

该课程表对书院的每日、每月的课程都有详细的规定，所订每日读书次序，多与朱熹所言相同，这种课程设置可以看作朱熹理学教育思想的制度化的实践。有学者评论道："这些规定完全贯彻了理学的教育宗旨和教育思想，体现了理学教育思想向书院制度的渗透。"[3]反过来讲，书院课程设置的标准化、有章可循以及将理学思想自觉注入书院的日常课程，无疑进一步促进了理学传播与发展。后世理学思想成为风靡宋明、影响及清的最重要社会思潮，究其本源，不能忽视南宋理学家在书院中的努力。

元代之时，理学的传播亦多借助书院之力。元代北方程朱理学的传播，赵复贡献尤大，史载"北方知有程、朱之学，自复始"[4]。赵复的许多弟子和再传弟子，创办很多书院，都以程朱理学为讲学内容。例如容城人刘因，入元不仕，创办静修书院讲学，极力推崇程朱等理学名家，认为"邵，至大也；周，至精也；程，至正也；朱子，极其大，尽其精，而贯之以正也"。[5]刘因创办书院讲学达25年之久，对理学在当地的传播做出了很大的贡献。南方诸儒借书院传播理学之风更盛。如

① （宋）黎靖德.朱子语类［M］.北京：中华书局，1986：249.
② （宋）徐元杰.楳埜集：卷一一：延平郡学及书院诸学榜［M］.景印文渊阁四库全书（第1181册）.台北：台湾商务印书馆，1986：775–776.
③ 郭齐家，等，主编.中国教育思想通史（第三卷）［M］.长沙：湖南教育出版社，1994：179–180.
④ （明）宋濂，等.元史.卷一八九：赵复传［M］.北京：中华书局，1976：4314.
⑤ （明）宋濂，等.元史.卷一七一：刘因传［M］.北京：中华书局，1976：4008.

金华王柏讲学于上蔡书院；徽州胡炳文建明经书院并自任山长；江州黄泽宗程朱理学，先授景星书院山长，后又任洪州东湖书院山长，等等，可见元代诸儒将书院作为传播理学的基地是一种较为普遍的现象。

此外，元代书院山长中对理学传播做出重要贡献的还有程端礼。程端礼先后任稼轩书院和江东书院山长，服膺理学，所著《程氏家塾读书分年日程》详细介绍了生徒各个年龄段应读之书，成为元代及之后书院乃至官学中通行的教学指导纲要。此外，程端礼还进一步阐释、发挥了《朱子读书法》，是元代理学传播的重要功臣。

第四节　晚明书院的家国情怀及清代书院的研求精神

明清两朝，书院教育除延续南宋以来与理学结合的特点之外，在两个朝代的中后期，书院教育还分别展示出了显著的特色：一是明末书院与政治紧密关联，书院诸生展现出了强烈的家国情怀。二是清代中期以后书院教育对理学的"反动"和清末面对几千年来未有之大变局，书院教育产生的不同以往之新变化。这两个特点，除了与时代变革有关外，亦与书院山长的抱负追求、学术特点息息相关。

一、晚明书院的家国情怀

中国古代的儒生自古以来就有心系天下的传统，东汉时期太学生有请愿运动，北宋末年太学生上书抗金，诸如此类不一而足，书院学生显然也受这种传统的影响。明代前期，官方提倡官学而不鼓励书院的发展，明太祖严禁国子监学生妄议朝政。不过明朝中后期以后，书院教育又逐渐恢复。这一时期书院教育的一个显著特点就是不少书院都带有很强的政治色彩，很多还与党争牵涉在一起。这些书院的山长也多属于特定的政治集团，书院兴废往往也与特定山长人物、特定历史事件相关联。

正德、嘉靖年间，王阳明、湛若水等名儒倡办书院以聚徒讲学，书院数量猛增，引起不少朝臣的警惕和疑虑，还有书院卷入朝野政治斗争，导致嘉靖时期开始，出现了多次朝廷禁毁书院的事件。嘉靖十六、十七年（1537—1538年），朝廷首次禁毁湛若水、王阳明两派书院。万历七年（1579年），张居正执政时，朝廷又"诏毁天下书院"，计毁书院64所。这些书院的废毁，更多的是涉及学术理念之争，是当权的尊朱派学者反对王湛学派之举，还不涉及书院抨击时政的问题。到了明代晚期，随着朝政日坏，朝廷中的有识之士被罢官之后，往往创书院讲学，评议朝政，导致书院与政治的关系越来越密切，在这些书院中，尤以东林书院最具代表性。

东林书院本是宋时二程弟子杨时的讲学之所，明末万历三十二年（1604年），顾宪成罢官南归，修葺东林书院，与高攀龙等讲学其中。他们在学术上主张程朱理学，反对王学末流的空疏；政治上则抨击时政，书院中有一副著名对联，"风声雨声读书声声声入耳，家事国事天下事事事关心"（见图6-4），鲜明地展示了东林书院读书与关心时政并重的特点。史载"其（顾宪成）讲习之余，往往讽议朝政，裁量人物。朝士慕其风者，多遥相应和，由是东林名大著，而忌者亦多"①。此外，天启初年，邹元标与冯从吾在北京宣武门内建立首善书院，亦讲学论政。这些书院中的生徒在山长的带领下，积极参加政治活动，批评朝政，往往成为一时的政治舆论中心，故而大为权阉魏忠贤等所忌。天启五年（1625年）八月，朝廷下诏"拆毁天下书院，首及东林"，受此牵连，全国几乎所有书院都被禁毁。

图6-4 今东林书院依庸堂所挂对联

①（清）张廷玉，等.明史：卷二三一：顾宪成传［M］.北京：中华书局，1974：6032.

晚明书院对朝政的批评，虽然最终导致书院被禁毁，但其表现的是书院诸生在山长的带领下浓厚的家国情怀与爱国精神，是传统中国知识分子的榜样，同时，这种精神也激励鼓舞着后世知识分子关心国家前途命运的热情。

二、山长对清代书院研求精神的引领

清初统治者鉴于明末书院多议论朝政，故而严格限制书院的举办。顺治九年（1652 年）曾重申明末"不许别创书院"之禁令。康熙朝以后禁令渐弛，康熙帝曾赐匾于多所书院，雍正帝之后省府州县官办书院数量大增，但多是服务科举、追求功名的场所，山长多无真才实学。乾嘉时期开始，理学消沉而考据之学兴起，书院山长也转而多由重考据之士担任，在书院里学习的学生自然也多习考据之学。在考据名家的引领下，清儒不论在经学、小学，还是史学、舆地、历算之学上，都取得了令人瞩目的成就。

例如钱大昕曾主讲钟山书院、娄东书院和紫阳书院，钱氏学识深厚，天文、历算、舆地、小学，无不通晓，其史学学识在当时更是无出其右者，他主讲紫阳书院长达 16 年，培养了众多的人才。据钱大昕之曾孙钱庆曾所编《竹汀居士年谱续编》言："公在紫阳最久，自己酉至甲子，凡十有六年。一时贤士受业于门下者不下二千人，悉皆精研古学，实事求是。如李茂才锐之算术，夏广文文焘之舆地，钮布衣树玉之《说文》，费孝廉士玑之经术，张征君燕昌之金石，陈工部稽亭先生之史学。几千年之绝学，萃于诸公，而一折衷于讲席。余如顾学士莼、茂才广圻，李孝廉福，陈观察钟麟，陶观察梁，徐阁学颐，潘尚书世恩、户部世璜，蔡明经云，董观察国华辈，不专名一家，皆当时之杰出者也。"[①]钱大昕在书院中培养的人才，很多都成为后来的学术名家。

又如嘉道年间，朝廷重臣阮元先后于杭州创办诂经精舍、于广州创办学海堂书院，阮元认为"舍诂求经，其经不实"，所创书院的教学内容不尚理学而尚训诂考据。此外，阮元在学术研究方法上强调师生共同研习，"各用所长，协力启导"，教学则以学生自学和独立研究为主，鼓励学生"识精而思锐，不惑于常解"。两书院一时成为当时重要的学术基地。

---

① （清）钱庆曾 . 竹汀居士年谱续编 . 嘉定钱大昕全集（第一册）[M] . 南京：江苏古籍出版社，1997：39.

清代后期开始，面对列强入侵、国家贫弱的现状，有识之士倡言教育改革、整顿书院。与之对应，书院的教学内容、山长的人选均出现了较大的变化。这一时期，书院或提倡经世致用之学。例如湖南箴言书院提倡"诸生可择其所好而习"，但"必归实践躬行"，以期"考证不涉繁芜，义理不嫌空腐，经世皆为有用，立言弗至无根"。或开始逐步讲授新学，如光绪年间，浙江巡抚廖寿丰在杭州创办求是书院，聘中西教习，兼修中西实学。陕西味经书院除开设经史课程外，另设各国历史、外语、兵事、电气、化学、算学、重学等一系列新学课程。有千年历史的老牌书院——岳麓书院也增设了掌故、算学、译学等新学。此外，山西泾阳的崇实书院、上海的龙门书院，所学课程均及西方新学。如此尚复许多，已经成为旧式书院向新式学堂转变的先声。随之，书院的主讲、山长的人选也逐渐由旧式重通经的儒者向新式通晓现代学科知识的教师转变。

胡适在论及书院精神时曾言："书院之真正的精神唯自修与研究，书院里的学生，无一不有自由研究的态度，虽旧有山长，不过为学问上之顾问；至研究发明，仍视平日自修的程度如何。"[1]他提到清末上海龙门书院，屏壁大书"读书先要会疑，学者须于无疑中寻找疑处，方为有得"[2]，然后自己评论道："即可知古时候学者的精神，惟在刻苦研究与自由思索了。其意以学问有成，在乎自修，不在乎外界压迫。"[3]他虽然强调书院学生求学重在平日自修，但仍不能否认山长是学生求学做学问上的顾问，这可以看作清代尤其是清末书院山长引领作用的一个写照。

---

[1] 胡适.书院制史略［M］.载容忍与自由.北京：作家出版社，2016：227.

[2] 此是化用宋儒张载"读书先要会疑，于不疑处有疑方是进矣。可疑而不疑不曾学，学则须疑。学贵心悟，守旧无功"之语。

[3] 胡适.书院制史略［M］.载容忍与自由.北京：作家出版社，2016：227.

第七讲
现代书院功能与实践

　　现代书院是相对于古代书院来说的，它是一种时间规定上的概念，是指1949 年 10 月 1 日以后兴起的以"书院"命名的教育机构，这种教育机构与古代书院在某种程度上具有相似性。对书院教育这一概念的科学界定是一项复杂的任务。根据现有认识，综合各家的研究成果，初步可以界定为：书院教育是指以私人创建或主持为主，收藏一定数量图书，聚徒讲学和研讨，高于一般蒙学的特殊教育组织形式。这是李国钧在其主编的《中国书院史》中对我国古代书院教育的认识。现代书院与此有一定相同之处，但其范围更加扩大，除了私人创建外，还有其他文化机构的参与，既是官方文化教育体制的重要参与者，又有一部分独立于官方文化教育体制之外，是官方文化教育体制的重要补充。

第一节　现代书院的兴起与特点

一、现代书院兴起的背景

　　清末在匆忙面对西方入侵时，出于富国强兵、教育救国的目的，被迫进行了废科举、改书院为学堂的教育改革，快速引进了西方的教育制度与模式，但这种新式教育在民国发展中逐渐出现弊端，尤其是全面移植西方的大学教育制度中的弊端，引起人们对教育目的、制度、方法、精神的全面反思，同时借助于新文化运动和现代各种学术思潮的兴起，人们的目光开始指向过去，试从传统中寻找良方，书院现象开始应运而生。

现代书院兴起有两个背景需要注意：第一是书院改制后，众多学者对书院改制的批评和反思；第二就是从 20 世纪 80—90 年代开始的国学复兴运动——国学热的出现。

光绪二十七年八月初二（1901 年 9 月 14 日）清政府宣布书院改制为学堂，于是始于唐、兴于宋、普及于明清的传统书院开始消失。这是一次国家主导的自上而下的全国性教育改革，未经细致论证和合理布局，故而将学院的弊端与优势一起去除，未做到取其精华去其糟粕，遭到一些学者的批评。"清末改革教育，凡旧皆去之，于是书院一齐关门，而一切书院之基金及地皮多为劣绅用一花样吞没了。今日看来，书院可存，而书院中之科目不可存，乃当时竟移书院中之科目，即旧新各式八股，于学堂。"[1]这是对书院基金与地皮处置和科目不变表示不满。有学者认为书院制度与我国传统学术思想相关，"国内的最高学府和思想渊源，惟书院是赖。""书院之废，实在是吾中国一大不幸事。一千年来学者自动的研究精神，将不复现于今日了。"[2]

学者们不仅对书院改制进行反思，还进行尝试，用传统书院改革现代大学教育弊端，湖南自修大学"就是取古代书院的形式，纳入现代学校的内容，而为适合人性便利研究的一种特别组织。"[3]清华大学国学院也是以书院传统改革现代大学教育的尝试，此外学者还尝试创办新型书院或者书院式学校，例如唐文治创办的无锡国学专修馆，其课程设置、教学方法、管理制度等均与传统书院基本相同，是民国时期创办的书院式学校的成功范例。还有很多知名学者创办了新型书院，如张君劢创办的学海书院，马一浮创办的复性书院和梁漱溟创办的勉仁书院等。钱穆等创办的新亚书院，"旨在上溯宋明书院讲学精神，旁采西欧大学导师制度，以人文主义之教育宗旨，沟通世界中西文化，为人类和平社会幸福谋前途"[4]。新

---

① 傅斯年改革高等教育中几个问题，载《独立评论》第十四号，1932 年 8 月 28 日出版。

② 胡适 . 书院制度史略，载《北京大学日刊》，1923-12-24.

③ 毛泽东 . 湖南自修大学创立宣言，见湖南省图书馆校编《湖南革命史料选辑——新时代》[M]. 湖南：湖南人民出版社，1980：80.

④ 钱穆 . 新亚遗铎，[M]. 北京：生活·读书·新知三联书店，2005：12.

亚书院后来与崇基学院、联合书院合并成立香港中文大学，书院制一直是香港中文大学的特色。

自从 20 世纪 80 年代文化反思潮流开始，从引进西方各种学说到反思传统文化，出现了以反思为主题的传统文化热，1984 年 10 月，民间学术研究和教学机构中国文化书院在北京成立。书院由北京著名学者梁漱溟、冯友兰、张岱年等共同发起，联合了多所名校的数十位著名教授、学者一同创建。其宗旨是："通过对中国文化的教学与比较研究，继承并阐扬中国文化的优秀传统；通过对中外文化的研究，加强世界各国的交流和学者的往来，促进中国传统文化的现代化。"[①]

20 世纪 90 年代以弘扬儒学为主调的"国学热"出现，并因为政府对传统文化传承的重视，"国学热"到 21 世纪呈现出一种持续升温的趋势，至 90 年代"国学热"兴起并产生全国性的影响，与之同时，各种书院以及读经班出现。进入 21 世纪后，由于政府的倡导，"国学热"在全国甚至全世界轰轰烈烈地发展起来。

二、现代书院的类型

从 20 世纪 80 年代末、90 年代初开始，中国出现了书院复兴的高潮，除了传统的书院得到恢复外，还兴建了很多现代书院。这些作为后起之秀的现代书院也赢得了越来越多的目光，这为书院的发展注入了新鲜的血液。目前"全国活跃的书院有约 2000 余所，类型不一而足"。[②]现代书院主要包括实体书院和网络虚拟书院，在实体书院中，有官办和民间两种性质，民间书院超过 75%，部分地区除了出现以教学为主要内容的书院外，还出现了一些会所性质的书院，既给会所成员带来生理上的愉悦，同时也注重精神上的提升，如浙江的天泇山书院。

2005 年以来，许多高校实行了大学书院制改革，在以复旦大学和西安交通大学为代表的众多高校的带领下，国内许多高校开始推行通识教育改革，逐步形成了以核心课程为主轴，以书院制和导师制为辅翼的通识教育培养体系。书院制融合了西方传统博雅教育理念和中国古代书院教育的精神，是一种以学生住宿舍

---

① 中国文化书院宗旨和性质 http://www.guoxue.com/study/iacc/content/iaccxinzhi.htm.

② 韩寒.复兴中华传统文化的深层需求——当代书院的兴起动因与情缘［N］.光明日报，2016–09–12（1）.

区为依托，融教育、管理和服务为一体的新型高校学生教育管理模式，是高校传统教育管理模式的革新。

2014 年山东省图书馆尼山书院开张，这是山东省创立的第一家图书馆尼山书院，2015 年底建成 153 家市县级图书馆尼山书院，山东成为全国唯一的由政府主导、事业单位主办、社会广泛参与的书院体系的省份。"图书馆＋书院"模式在山东各地推广，成为现代书院的新形式。

图 7-1　2014 年 11 月 25 日清华大学教授牟钟鉴——《孔子是中华民族的精神导师》

现代书院有不同分类方法。

1. 按属性来分类

一是政府主导创办的书院（包括高校），如岳麓书院、尼山书院等；二是民间主导的书院，如九州书院、明伦书院、三智书院、武汉经心书院等；三是民办公助的书院，如山东尼山圣源书院采取"民办公助，书院所有，独立运作，世代传承"的机制；厦门篔筜书院采取"政府支持，企业投资，公益运营"的方式，坚持"旧学商量，新知培养"的理念，定期开办海峡两岸国学论坛，常年开展国学经典教育。

2. 按学制上分类

阶段性业余性质的书院；全日制的书院，如北京四海孔子学院、深圳大同书院、北京七宝阁书院、厦门筼筜书院等；大学里实行的现代书院制，大学里光采取学分制，标准化、计量化的西方教学制度。贵州大学中国文化书院承担教学科研任务，而复旦大学、西安交通大学等创办的书院实质为学生管理服务机构。

3. 按主办方分类

官办、商办、学者办、民办，或官学商或官学或商学或民学合办等多种。商办、民办的书院如河南省建业集团办创的本源社区书院、武汉经心书院等。这些书院也分几种情况：从目的来说，有的是以盈利敛财为目的，有的是以公益为目的；从对象来说，有的对象是成年人（如企业家、企事业单位、机关），以办讲座、搞培训为主，有的对象则是儿童与青少年，搞课外教育或全天候教育。①

4. 按照招生对象的年龄划分

一是针对儿童的学龄前及学龄教育，北京七宝阁书院、深圳大同书院是此类书院的优秀代表；二是针对青少年的国学文化传播，广州金泉书院就是此类书院的代表。还有其他分类：从书院总体上，分学校书院、社会书院、遗迹书院和网络书院；从所承担的社会功能上，分为学校教育型书院、学术研究型书院、学生管理型书院、社会化书院、文化遗迹型书院；从内容上，分为国学书院、蒙学书院、文学书院、艺术书院、企业书院等。

三、现代书院的特点

1. 创办主体社会化

与古代书院为私人创建不同，现代书院的创立主体多了文化机构和其他组织，当然就数量上来说，仍然是民办书院占多数。

2. 内容方式创新化

古代书院具有藏书、教学、研究、祭祀、刻书等功能，采用"讲会""会讲"等教学方法，是具有完整发展体系的教育机构。现代书院的产生背景和周围教育环境与古代不同，但现代书院对古代书院的书院精神、管理方式、教学方法等多有继承，并注重根据现代生产生活条件的变化，在内容上、方式上进行创新发展，

---

① 郭齐勇. 大陆当前的国学热与书院热 [J]. 台湾国文天地，2016（9），37–47.

日益成为解决现代教育问题的重要补充。

3. 受众群体大众化

现代书院多面向大众，传播传统文化。如尼山圣源书院，聚焦新时代、新农村和新型农民，通过面对面讲课、大众媒体传播，弘扬以儒家文化为主体的中华优秀传统文化。武汉新洲的云深书院，该书院由民营企业家投资兴办，每周末举办义务国学讲座，还向市民普及各种古代礼仪知识，如吉礼、成童礼、开笔礼和婚礼等。

第二节　现代民间书院的功能

现代民间书院，是指现代书院中由民间创办或主要由民间创办、政府资助的各个类型的书院，现代民间书院是现代书院的主体，其类型不同，既有实体书院，又有网络书院，还有两者兼有的，其创办主体有个人、民间组织、公司等。

一、现代民间书院的功能

"每一种文化都有自己的传承方式和培养传人的场所，人们将这种场所称之为'道场'。如果说佛教的道场是寺院，道教的道场是道观，那么书院就是儒家的道场，传统的书院具有人才培养、学术研究、祭祀孔子、保存书籍、社会教化等功能。古代书院是儒家文化的道场，是儒家信仰者的精神归宿，今日之书院虽然不再只是儒家的道场，最起码应是传播中华文化的阵地。讲学、研究、藏书、礼敬孔子、社会教化是传统书院的功能，这些功能规范对当代书院建设仍有意义。"[①]那么作为传播中华文化阵地的现代民间书院的学术传承自然离不开中华优秀传统文化的传递与继承，也离不开传统书院的影响。现代民间书院要继承传统书院精神，继续在繁荣学术、传承中华优秀传统文化、培养道德等方面发挥作用。

现代民间书院的兴起与传统文化热潮密不可分，故其功能也以传承宣传中国传统文化为主，但又根据其各自针对的目标群体不同而有不同表现，现代民间书院的功能总结如下：

---

① 史楠.传统书院如何与现代教育相融［N］.光明日报，2016–09–20（14）.

1. 学术研究交流

作为中国传统文化交流与研究的重镇，如泗水尼山圣源书院，该书院由海内外文化界知名学者和社会名流发起与建设，举办一系列的高端学术会议，开展了理论研究、培训普及、文化交流工作，弘扬以儒家文化为主体的中华优秀传统文化。目前，该书院已成为大陆复兴中华文化的高地，海内外文化交流的重要平台，在中华文化复兴大业中将发挥出越来越重要的作用。

2. 辅助全民教育

（1）少儿国学教育

少儿国学教育是指针对少年儿童而开设的国学教育，而此处介绍的主要是现代民间书院所开展的少儿国学教育，在现代民间书院中有专门针对儿童的国学教育书院，比如2014年李亚鹏的书院中国基金会与道禾教育合作，在北京顺义创办培德书院，其少儿教育课程以二十四节气为时间轴，人、事、物为空间轴，依照12个主题制定学习方向，课程涵盖了中国的文化主张、价值主张和六大领域，其教育理念是"根深中国，盛开国际"，以中国文化为底蕴。[1]也有综合性的国学教育机构，兼具成人国学教育的书院，如大连图书馆的白云书院。白云书院主要传承传统文化教育，培养少年儿童国学基础，其品牌国学义塾主要针对6~12周岁的少年儿童，开展白云夜话等针对成年人的国学教育讲座。开展少儿国学教育的书院根据教育形式可以分为全日制、非全日制和全日制与非全日制相结合三种类型，培德书院是全日制书院，白云书院为非全日制书院。

（2）课外辅导教育

由于读经热等国学教育复兴活动的开展和国家对传统文化教育的再次重视，国学教育课外辅导班也成为现代民间书院及其他课外辅导教育机构开展的重要课程。其主要针对在校学生，利用周末及节假日开展活动。

（3）教师国学培训

现任大中小学的教师，都没有接受过儒家经典的培训，这已经成为当今开展国学教育，弘扬中华文化的主要瓶颈，上千万中小学教师补上这一课，是一项十分艰巨而漫长的教育工程，亟须各方参与共同筑成。因此，培训国学师资，就

---

① 培德书院 http://www.peideschool.com。

成为当代书院的一项特殊的历史使命。尼山圣源书院举办多次各种国学培训班："海峡两岸读《论语》教《论语》师资研修班"、与国家教育行政学院合办"国学经典教育专题研修班"、"国际尼山儒学与中华文化师资班""东南亚团体儒学学员·尼山圣源书院学习团"。[①]少儿国学师资培训班是由厦门绍南文化读经推广中心、闽南孟母堂·义雅书院主办，福建、广东私塾联谊会、厦门市同心慈善会、厦门市爱和乐教育中心以及江苏师范学院孟子学院福建分院友情协助开办的，已经成功开办了20多期，结业即颁发"读经教育辅导员暨少儿国学师资学习班结业证书"[②]。

（4）成人国学教育

成人国学教育的主办书院也有专职和兼职两种，专职的成人国学书院主要有政商精英国学补习书院和一般民众补习书院。政企精英国学补习书院一般会和高校合作，以提高自身修为作为目的，收取高额费用。[③]

（5）全日制基础教育场所

如北京的七宝阁书院、四海孔子书院、上海孟母堂、曲阜孔子书院等，沿用古代书院耕读的方式，实行中西、古今结合式教育，既教授孩子义务教育所应该学习的语、数、英等现代课程，同时也教给孩子武术、写诗、弹奏古乐等课程。[④]

3. 传承优秀文化

传承是书院存在的重要功能。现在的书院不是传统意义上的书院，而是一个文化传承的载体，应有更多符合时代需求的内容，创新体验传播方式，开展对中华传统文化的承继和研习，有利于唤醒和激活中华民族的文化基因。古代书院是儒家文化的道场，而儒家文化是中华传统文化的核心，现代民间书院虽然与古代书院不同，但其兴起也与中华传统文化的复兴有关，而现代书院对于中华优秀传统文化有着天然的亲和力，研究和传承中华优秀传统文化是现代民间书院的兴起之源和文化使命。

---

① 王殿卿. 尼山圣地 洙泗圣源：研究与传播儒学的新道场——尼山圣源书院，2019–07–20. http://www.nssysy.com/a/nsxs/nsrx/2015/1103/1160.html.

② 王琳琳. 关于当前国学教育机构及书院的调查研究——以厦门市为例［D］.福建师范大学硕士论文，2017.

③ 赵法生. 书院复兴：一个耐人寻味的问题，中国艺术报，2013–07–08.

④ 同上。

山东泗水的尼山圣源书院就以研究和传承中华传统文化尤其是儒家文化为己任，并采取积极的措施加以实行，使之成为研究与传播儒学的新道场。尼山圣源书院坚持"民办公助，书院所有，自主运作，世代传承"的办学体制，继承和发扬中国书院教育的优良传统，通过尼山论道、尼山会讲、尼山师训、尼山杏坛、尼山论坛、尼山体验、乡村儒学等载体，探索儒学的当代使命及其发展路径，为儒学在海内外的广泛传播，为培育儒学人才与教师，为儒学的学术交流与创新，做出了积极有益的探索。

二、现代民间书院的精神

1. 坚持道统，弘扬人文精神

传统书院坚持儒家教育传统，培养生徒以"道"为追求目标，依"道"修身并治世，使之具有终极关切，有道德理想与完善人格，有社会关怀与济世行动。

2. 书院自治，保持批判精神

传统书院基本上是以民间教育组织为主，由学者发起，民间人士积极资助，捐钱、捐田、捐书办学。书院在发展过程中，虽有官、民、商、学相互参与及合办的趋势，自治权不免也受到影响，但总体上还是有相当的独立性与自由度，培养的士子有批判的思想与勇气。

3. 自由讲学，尊重学术规律

书院自立自重，不随人俯仰，是师生们自由讲学、独立探求知识、切磋学问的地方，有独立学术、学派追求与创新精神，各书院尊崇并培养、支撑了道学的不同学派。

4. 育才化民，推动美政美俗

千余年来，书院绵绵不绝，培养了一代代士子，这些士子大都德才兼备，经邦济世，明道致用，传承人文，推动民间讲学之风，振兴社会教化而美政美俗。①

现代民间书院应该在现代社会找准自身定位，为国民教育和社会发展贡献自

---

① 张博. 当代书院如何办？四十家书院联署《东湖宣言》，倡导现代与独立，2019-07-08. https://www.thepaper.cn/newsDetail_forward_1528362.

己的力量。

　　书院文化作为中华传统文化的一部分，自创建以来为社会培养了大批人才，是我国古代文化教育的重要力量，在我国文化教育史上占有十分重要的地位，有很多重要的书院如应天书院、嵩阳书院、岳麓书院、白鹿洞书院等绵延千年，除了留给我们宝贵的精神财富外，其本身就是一份很重要的文化传承，因而对于传统书院的重建、保护和利用也是现代民间书院的一种文化使命。例如 2001 年 10 月，在河南省省领导的支持下，应天书院修复项目得以启动。该项目于 2003 年被河南省人民政府批准立项，并列入省政府重点项目，[①]成为融教学、文化和旅游为一体的重要文化基地，2015 年 3 月 13 日，应天书院被列入"河南省社会科学普及基地"。

第三节　现代民间书院的运作模式

一、经费来源：政府 + 社会

　　民间书院的经费来源主要有企业家捐资或培训公司经营，也有一部分是政府资助，还有一些书院效仿古代书院学田制采用新式"学田制"运营模式。福建筼筜书院自 2009 年 7 月投入使用，现已开办 10 年，运作较为成功，其成功经验受到了较大关注，柯虹、李莱蒙、戴美玲、王琳琳等多人对其进行研究推广，筼筜书院采用现代"学田制"的经费运行机制，以筼筜书院为例作一介绍。筼筜书院是在厦门市政府规划指导下兴建的厦门首家现代书院，采取"政府支持、企业投资、公益性经营"的运行机制，其新式"学田"为其周围的配套建筑物，通过周围配套建筑出租收取的租金是书院公益性运营的办学经费。其学田为华祥苑儒士茶文化交流中心和随安古美术馆，其经营主要以传统文化艺术品的收藏、拍卖、鉴赏，既盈利又与书院相得益彰，共同弘扬中华优秀传统文化。以公司运营的书院经费来源主要是学费，以及部分场地费、教材及其他与传统文化相关的物品的销售所得等。

---

① 魏清彩.应天书院文化传承中的问题与对策［J］.商丘师范学院学报，2011（1），22–24.

二、师资力量：专职 + 兼职

现代书院的师资主要有两部分：一是专职教师，一是兼职教师。兼职教师主要出现在公益性质的书院，一部分来自合作高校和研究机构，一部分来自热爱传统文化热心公益事业的志愿者，如福建笃笃书院与厦门大学、华侨大学、厦门理工学院、集美大学等多所院校合作，为国学相关专业的在读学生提供锻炼机会，担任部分课程的教学，还邀请专家教授举办公益讲座，并与台湾地区的书院合作，举办"两岸书院文化论坛"、师生互访、联合培训等；除此之外，笃笃书院还招募高校大学生、大中小学以及文教体系退休人员或社会其他热爱传统文化、热衷于弘扬和传播传统文化的人员担任志愿者。[①] 而公司运营的书院主要以专职教师为主，教师专业广泛，主要与传统文化有关，但也不限于此。现代书院的培训涉及范围较广，有些全日制民间书院，为配合现在教育的升学体制，除了比义务教育学校多了一些传统文化方面的教育，其余学科均相同。有些非全日制书院录取的教师也不仅限于国学相关专业，而国学相关专业也涉及不少科目，如心理辅导老师、汉语老师、英语老师、书法老师、服饰礼仪指导老师、古琴、琵琶等乐器演奏老师、绘画老师、武术老师等等。

三、教育方式：系统授课 + 互动分享 + 实践体验

现代民间书院根据各自功能定位不同，会有不同的课程设置，总体而言，一般公益性书院其课程安排以讲座和分享会为主，一些针对青少年的书院在暑假期间会有夏令营活动；而全日制私塾式书院则设置全科课程，除了着重加入国学相关课程外，个别以耕读为教育理念的书院会加入田园劳作或加入德行修养等，其课程安排与现代学校教育大体一致。如前所述，笃笃书院设置青少年经典诵读类课程、国学艺术类课程和国学经典讲习类课程等[②]，具体安排青少年经典诵读类课程主要是对《弟子规》《三字经》《千字文》《笠翁对韵》《论语》《大学》《中庸》《诗经》《道德经》等中国古代经典作品的诵读，一般是老师带读、学生跟读、

---

① 王琳琳.关于当前国学教育机构及书院的调查研究——以厦门市为例［D］.福建师范大学硕士论文，2017.

② 同上。

略作解释；而成人经典讲习类课程则以讲座和分享会为主。

四、学时安排：灵活多样

现代民间书院的教学对象比较广泛，有成人、有学龄前儿童，因为义务教育的原因，一般全日制民间书院较少，故暑假、周末及节假日等开展活动较多，例如福建厦门箕筥书院针对青少年学生的国学公益课程主要有春秋两季国学公益课及暑期国学夏令营活动，一般是 3 月到 6 月的周末、10 月到 12 月的周末，招生对象是一年级以上学生，每个班有名额限制，需提前报名参加。而讲座尤其是公益讲座则针对年龄层比较广，对参加人员限制较少，有的甚至以直播方式进行，更便利了很多读者的及时关注。

现代民间书院继承传统书院的精神和办学方式，但也不可能完全采用传统书院的模式来运行，需要针对现实社会需求，融合现代教育模式，现代民间书院试图走出一条中国传统文化多渠道传承与弘扬的体制外教育模式。现代民间书院从中国传统文化经典诵读学习入手，从青少年开始，不限于经典诵读，又放眼于成年人的国学教育、社会教育，为社会各群体提供了一个学习接触传统文化的平台，对增加文化自信、改善社会良好风气起到了积极作用。

第四节　现代民间书院的困境与突破

一、现代民间书院的困境

1.经济困境

民办书院是新兴书院的主体，除极少数企业家投资兴办者外，多数在经济上处于举步维艰的状态。比如吉林省的长白山书院，创办者在极为普通简陋的平房内传授国学，还招收具有一定基础的国学研究生，并免去所有学杂费，在经济上入不敷出；民办曲阜国学院同样如此，该院招收了 30 多名全日制学生，却数度因为校舍和经费而濒临停办。这是当前大多数书院的常态，即使影响较大的尼山圣源书院也无法摆脱经费困难，成为影响书院发展的主要瓶颈。可以说，绝大多数书院尚处于为生存而奋斗的状态。①

2. 书院师资水平良莠不齐

传统文化教育曲折发展造成现在传统文化教育师资基础薄弱、国学素养较差，不只存在现任大中小学的教师里，民间书院的师资队伍里也有这个问题，当前书院聘请的老师水平参差不齐，有的高校老师国学基础较为扎实，综合素质高，但工作繁重，授课时间少，而一般的国学爱好者又不擅长教学。师资力量薄弱已经成为制约当代书院发展的"瓶颈"。如何组织和培养一批学识渊博、道德高尚而又乐于奉献的师资队伍是对书院发展提出的重要要求。②如福建闽南孟母堂·义雅书院从事国学教育十多年，仅有四位专职教师，三名教师是本科学历，一位是大专学历学前教育专业。③

3. 相关法律法规不完善

相关法律法规的不健全使得以公司形式注册的民办书院在招生和办学上面临违法困境，我国《义务教育法》规定年满 6 周岁的儿童必须接受义务教育，而在全国遭遇这种状况的民办书院并不少见。我国尚没有针对儒学教育办学的专门法律，因此民间儒学教育机构的存废取决于政府的政令，运作方式也只能参照由文化法规、民政法、教育法等制定出的相关政令和行政条例。也正因为如此，儒教教育机构很难把握自己的命运。

二、现代民间书院的突破

1. 健全法律法规，促进书院良性发展

现在民间书院发展遇到的很多问题都与缺乏完善的法律法规保证有关，民间办学在改革开放以来取得了巨大的发展，相应的法律法规政策环境也日趋完善。例如，1997 年的《社会力量办学条例》，2002 年的《民办教育促进法》（以

---

① 赵法生 . 书院复兴：一个耐人寻味的问题，中国艺术报，2013–07–08.

② 刘怀远 . 当代书院国学教育探析——以部分书院为例［D］.江西师范大学硕士论文，2014.

③ 王琳琳 . 关于当前国学教育机构及书院的调查研究——以厦门市为例［D］.福建师范大学硕士论文，2017.

下简称《民促法》），以及 2013 年和 2016 年分别对《民促法》的修订。围绕这些法律法规，一些实施条例、办法等也相继出台，除此之外，还有由教育部、财政部、国家税务总局、民政部等部门所发布文件中涉及的民间办学相关问题的指导、规范和扶持措施等，由此在民间办学领域形成了多维度、多层次的法律法规政策体系。①

2. 多渠道筹集书院经费

民间书院发展需要积极培养多元化投资主体，积极引导和鼓励民间团体、企业和私人等投资书院建设。一些现代书院在经营模式上也吸收了古代书院的经验智慧，将古代书院的"学田制"与当代经营观念相结合，通过经营"赐田"为书院筹集办学资金，保障书院有足够经费从事课程教育和学术研究外，还兼顾书院的公益性，如厦门筼筜书院就借鉴了古代书院的学田制建立以出租周围的配套建筑物为主的新"学田制"；武汉云深书院则建起了自己的农庄，对外出租耕地。现代书院还可以通过公开发行出版相关国学著作来获得办学经费，同时传播国学，增加书院的影响力。一些依托古代书院建立起的当代书院及特色书院还可以通过发展旅游业创收，例如岳麓书院借助市场，通过旅游收入平衡开支，可用于文物保护，又可以支持学术研究经费。又如武汉的云深书院推出了"书院一日游"活动来增加收入，一日游项目包括参观书院、听一节传统文化讲座课、阅读图书、农业劳动、垂钓等活动，这种好玩有趣的旅游方式既增加了书院的收入，又宣传了书院形象。还有一些书院通过经营素食、汉服衣坊等方式增加书院经费来源。例如，武汉云深书院开发了"云深"系列土特产：百花菜、臭瓜皮、打瓜子、霉豆角、面筋翅等系列，书院通过书院实体店和网络商城进行销售。一些书院还注意积极引导企业、民间团体和私人对书院进行捐赠，进行投资，促进投资主体多元化，积极鼓励各种社会力量参与书院建设，从而拓宽书院经费来源，更好地促进书院发展。②

---

① 王江璐，刘明兴. 试析民间办学政策演变与政协提案参与的策略性互动［J］.华中师范大学学报（人文社会科学版），2018（5），175–185.

② 刘怀远. 当代书院国学教育探析——以部分书院为例［D］.江西师范大学硕士论文，2014.

3. 找准现代民间书院定位

首先，要端正办学理念。古代书院都有学规，明确兴教办学的宗旨，主要是通过经典教育、讲明义理，使师生自我修身乃至推己及人来成就君子人格，培养家国情怀。现代书院的运行总体上要贯彻孔孟仁义之道，提升办院者与学员的人文道德素养，坚持《大学》三纲八目的教育理念，做到"内圣"修己与"外王"事功的统一。

其次，要以经典教育为中心。书院教育一定要以学习经典为主，原原本本地、一字一句地读儒释道的基本经典，这是基本的要求。不应以多样化、通俗化为托词，降低我们对经典，特别是对承载常道的四书五经的学习要求。同时还要充分体现知行合一的原则。

再次，应坚持其独立性与批判性。我们提倡人格独立，思想自由，办出不同的风格，包容不同的思想，包括适当学习西方经典，学习现代理论，促进文明对话。书院的自由讲学，问难辩论，可以努力促成健康的民间社会的重建，培植、增强民间文化的自主性与多样性。

最后，要坚持化民成俗的理念。我们一方面要坚持原则，坚持书院的纯粹性与理想性，坚持正道，正讲，反对歪讲、俗讲；另一方面要努力担负起教化社会、教育青少年的功能。我们要有民间讲学与推广的愿力与能力，深入浅出，让国学进入企业、学校、机关、营房等组织，流行于社区、乡村寻常百姓家。①

第五节　"图书馆+书院"模式

随着"国学热"的兴起，从国家、社会团体到个人，都以不同形式致力于传播和弘扬中华优秀传统文化。与书院有着千丝万缕关系的公共图书馆，承担着文献收藏、整理研究、社会教育的职能，是构建学习型社会的重要阵地，是广大群众终身学习和传承文明的文化重镇，是公共文化服务系统的重要组成部分，对传

---

① 张博. 当代书院如何办？四十家书院联署《东湖宣言》，倡导现代与独立. ［2019–07–08］https://www.thepaper.cn/newsDetail_forward_1528362.

承弘扬中华优秀传统文化具有重要作用。

一、"图书馆＋书院"模式的创新实践

在加快学习型社会和书香社会建设、弘扬和传承中华优秀传统文化、推动开展全面阅读活动的背景下，将现代图书馆与传统书院两者进行有效结合，建立起"图书馆＋书院"模式成为一种图书馆服务创新的举措。"图书馆＋书院"的内涵即是：着眼于弘扬中华优秀传统文化，以让书写在古籍里的文字活起来为核心，以创新公共图书馆服务模式为依托，在借书藏书功能基础上，有效整合资源，凸显成风化人的功能，把图书馆建设成为文化重镇和精神殿堂，弘扬中华优秀传统美德，营造向上向善的社会风尚。

针对"图书馆＋书院"模式的实践，举例如下。

1. 大连图书馆白云书院

2000年，大连图书馆设白云书院，采取多种形式开展国学阅读推广，具体包括：一是创新国学教育的形式。白云书院将国学展览、讲座和研讨等要素融合在一起，形式与内容并重，通过改造装修院舍、布置明式家具、学子着蓝布国服等一系列举措，大力推广国学教育和传统文化传承。二是创办国学出版物。白云书院创办《白云论坛》作为书院的官方出版物，《白云论坛》刊发了国学爱好者的研究成果，提高了读者参与书院活动的积极性，也促进了国学资源的利用与创新。三是组建吟唱团。吟唱团是白云书院最具特色的传统文化推广形式，少儿吟唱团用辽北方言吟唱经典内容，在世界读书日、研讨会、春节等期间集中表演，用更加活泼的方式弘扬了传统文化。

2. 山东省图书馆尼山书院

尼山书院坐落在孔子诞生地曲阜尼山之上，始建于宋庆历三年（1043年），元时重修，是中华优秀传统文化的重要符号。2014年5月12日，山东省文化厅正式印发《关于在全省创新推进"图书馆＋书院"模式建设"尼山书院"的决定》，提出在全省创新推进"图书馆＋书院"的公共文化服务模式，在各级图书馆建设尼山书院。山东省各级图书馆尼山书院采用统一的建设与服务标准：在设施布局

上，做到"六个一"。即全省各级图书馆"尼山书院"都有一个统一标牌，一尊孔子像，一个国学讲堂，一个道德展室或展板，一个国学经典阅览室或阅览区，一个文化体验室或活动区；在活动内容上，主要有"五个板块"：一是经典诵读，二是国学普及，三是礼乐教化，四是道德实践，五是情趣培养。

图 7-2　山东省图书馆尼山书院

3. 福建省图书馆正谊书院

正谊书院的前身是"正谊书局"，始建于 1866 年。后在沈葆桢等人的建议下改名为正谊书院，是享誉八闽的清代福州四大书院之一。1913 年，福建省图书馆迁入正谊书院原址，此后，书院隶属于福建省图书馆，2015 年 1 月 25 日，正谊书院重新对外开放，服务对象主要是青少年。以弘扬优秀传统文化为目标开展一系列阅读推广活动：一是开设国学教育课程。书院自行编了一套适合少年儿童阅读的国学教材，围绕主题开班授课，对能够完成学习任务的孩子颁发结业证书及相应奖励。二是开设面向全民的国学系列讲座。如青少年国学系列讲座、中华必读古诗词系列讲座、黄帝内经精选一百句等专题系列讲座。三是利用节假日开展传统文化活动，举办展览、传统手工艺展示等活动。

通过精心设计的课程内容，多元丰富的形式，让更多的青少年、家长与广大市民通过正谊书院接触传统国学，感受传统文化的魅力，不仅增强了的体验感和兴趣，而且产生了较具影响力的品牌效应。

综上，政府与文化机构创办的书院，把传统与现代相结合，承载了中国古代书院的修书、编书、讲学、学术交流、传道等传统功能，是中国古代书院精神的再现，既体现了传承、传授和传播传统文化知识的薪火相传功能，也彰显了师生平等互动以及书院择师、学生择院择师的优良学术氛围和治学精神。由于这些书院生源广泛，来自社会不同阶层，不同年龄段，更体现了古代书院的大众教育和"终身教育"精神，对当代中华优秀传统文化复兴和树立中华文化自主意识的培育起到积极作用。

二、"图书馆＋书院"模式的特点

"图书馆＋书院"的模式将现代图书馆与古代书院相结合，传播传统文化的同时也能促进书香社会的建立，具有空间人文性、资源整合性、内容针对性、活动多样性和方式创新性等特点。①

1. 空间人文性

书院是我国古代特有的文化教育机构，在文脉传承和人才培养等方面发挥了不可替代的作用。一般而言，书院保持了传统的建筑风格和装饰布局，具有很鲜明的文化特色。如书院多选择建在一些山林胜地，其亭台楼榭和园林绿化散布于书院建筑群的周围，营造了一个幽静清雅的学习环境。开展"图书馆＋书院"的模式，可以利用书院的传统建筑对书院内部空间进行设计和再造，保持书院传统建筑风格的同时能够将书院改造成具有鲜明特色的地域文化传承和交流中心，给予用户更加温馨也更有文化的阅读环境，充分体现了空间的人文性特征。

2. 资源整合性

"图书馆＋书院"模式可以基于图书馆和书院现有的资源，充分整合其他各方力量，开展多类型的阅读推广活动。书院以讲学育人为目的，但是讲学育人的前提是有丰富的教学资源——书籍。因此，不管是在哪个时代，各种类型的书院都非常注重藏书工作，书籍是书院教育不可或缺的重要条件。图书馆以保存人类文化遗产、传播文化和开展社会教育为目的，同时也收藏了大量的文献资源。开展"图书馆＋书院"服务，可以整合书院和图书馆的空间资源和文献资源，更大范围地促进资源的利用和文化的传播。例如，图书馆可以将书院古籍资源数字化，利用多媒体投影、屏幕瀑布流等设备展示古籍资源，促进古籍资源的合理利用。

3. 内容针对性

图书馆是传播和弘扬中华优秀传统文化的机构，也是中华优秀传统文化服务体系建设的重要组成部分，更是展示地方特色文化的重要窗口。"图书馆＋书院"的模式可以借助书院的文献资源有针对性地开展中华优秀传统文化内容服务，让

① 赵晋."公共图书馆＋书院"阅读推广实践与思考［J］.图书馆研究与工作，2019（7）：53-56.

服务的内容更具针对性 [①]。例如，图书馆可以利用书院的古籍资源开展经典阅读系列活动，设计经典诵读、手抄经典、做一本古书、经典朗诵比赛等活动，将经典读物与现代服务形式相结合，塑造出图书馆的服务品牌。

4. 活动多样性

"图书馆 + 书院"的模式集传统文献借阅、展示、研讨三项功能于一体，图书馆可以借助书院开展多种多样的阅读推广活动，服务形式和服务内容也不再局限于图书馆的传统活动，其服务模式具有活动的多样性特征。例如，尼山书院依托文献资源和文化品牌，打造了"国学讲堂""经典诵读""公益课堂""国学夏令营"等服务品牌，这些服务品牌从各方面弘扬了我国传统文化，推动了全省的阅读推广工作。因此，将图书馆与传统书院相结合，能够基于图书馆现有的服务形式进行活动的创新，让图书馆的阅读推广活动更加多元和多样。

5. 方式创新性

从图书馆现有的模式看，现阶段图书馆都是以图书馆为推广的主体，活动的设计和开展也以图书馆为主。"图书馆 + 书院"模式则是图书馆在弘扬和传承中华优秀传统文化上的创新，带动了图书馆服务方式的变革，图书馆走出馆门，到各个社区、乡镇、分馆中开办儒学讲坛，增强了中华优秀文化的凝聚力、影响力和创造力。此外，图书馆与书院合作开展的一系列活动，延伸了图书馆服务的范围，创新了图书馆服务手段，增加了传统文化的趣味性。传统文化对于用户而言不再只是一些冷冰冰的名词，各种丰富多彩的活动拉近了用户与传统文化的距离，让用户在不断体验中获得对传统文化的热爱。

三、"图书馆 + 书院"模式进一步发展

"图书馆 + 书院"模式为当代我国公办书院弘扬优秀传统文化积累了宝贵经验，但目前各省普遍存在的困难和短板，制约了"图书馆 + 书院"模式的发展。一是缺乏固定、专业的师资队伍。各省图书馆书院大多通过与当地高校、文化机构合作聘请讲师，没有固定的讲师团队，导致国学教育缺乏专业性、权

---

① 马祥涛 . "图书馆 + 书院"服务模式的理论与实践述略［J］. 新世纪图书馆，2018（10）：88–92.

威性和系统性；二是生源的不固定及匮乏。究其原因是宣传推介力度不够；三是活动形式和内容单一。目前，各省图书馆书院活动形式创新点和兴趣点不够。在内容设置上，未凸显传统文化在现代社会中的实用价值。由于书院的活动多安排在周末，周一到周五多数闲置，造成设施的大量浪费。四是课程设置缺乏系统性。高水平、上档次的讲座、活动欠缺，对大多数感兴趣和想"深造"的人没有吸引力。这说明"图书馆书院"有进一步发展和进步的空间，全面升级"图书馆＋书院"模式势在必行。

基于上述存在问题，"图书馆＋书院"模式的建立应着重从以下几方面进行尝试和努力。

1.建立协作机制，为"升级"提供政策保障

"图书馆＋书院"逐渐成为全国公共图书馆弘扬中华优秀传统文化的主流模式，在这一大背景下，系统性、协同性和可操作性强的政策保障机制是发挥这一模式时代效应的重要途径。

（1）强化机制建设

各省图书馆书院建立省、市、县三级书院联盟，在队伍、活动、资源等方面统筹配置，建立完善建设、服务、活动、教材、流程、管理等方面的标准体系，保障其建设规范化管理和科学化发展。探索建立和完善书院服务体系，加强对书院和乡村（社区）儒学等传统文化项目活动的规划指导，丰富和规范授课活动内容，吸引社会力量参与，推动书院进社区、进学校、进企业，形成各地独有的特色与优势。

（2）扩大受众面

把书院社会教育与全日制教育结合起来，统筹安排大中小学"国学体验日"活动，制定标准，详细规定学生到书院学习和体验的周期、具体内容及方法，并将学习和体验活动纳入本校国学教育课时，让书院的硬件设施从周一到周五都能得到充分利用。同时发展线下培训和线上培训，建立微课堂、直播间、微阅读等线上平台，使线下培训的成熟资源通过手机、电脑等媒介为更多的民众提供学习资源和空间。

（3）加强师资队伍建设

"图书馆＋书院"模式必须凝聚社会各界优质的师资力量，图书馆员与社会各界优质师资之间相互取长补短，共同推进书院教育。整合现有教育系统传统文化相关专业教师资源，定期开展培训，并给予资格认证，形成由导师、讲师、志愿者组成的有层次的、专兼职相结合、相对分工明确的书院教师团队伍，并在全省书院进行巡讲，实现资源共享。从制度上完善考核评价体系，将教师在书院的课时量纳入所在单位年终考核，计算工作量，并进行经费和荣誉奖励。

2. "以人民为中心"，提高社会化水平

社会化整合，实现共建共享。秉持"全面提升人民群众文化素养"，"坚持为了人民、依靠人民"[①]，各省图书馆应把书院国学教育作为社会主义核心价值观和公共文化服务体系建设的基础工程，通过政府的"自上而下"指导与百姓的"自下而上"参与相结合，整合社会上各种民间团体的力量，致力于"图书馆＋书院"事业，通过开展讲座、论坛、征文、沙龙、鉴赏、比赛、展览、表演等多种活动，进一步促进传统文化进机关、进学校、进农村、进社区，拓展书院服务覆盖面，延伸服务深度，推动乡村儒学、社区儒学快速发展。把"图书馆＋书院"模式推广、延伸到老年大学、老年活动中心、青少年宫、妇幼活动中心、科技馆、文化馆、博物馆、纪念馆、群艺馆、体育馆、工人文化宫等，并联合构建"互联网＋"教育培训模式和机构，使书院配合学校教育的同时，进一步承担起中华优秀传统文化终身教育的职能，以此推进我国基本公共文化服务体系标准化、均等化和大众化。

3. 进一步加强整合与共享

《关于推进县级文化馆图书馆总分馆制建设的指导意见》提出，到2020年，全国具备条件的地区因地制宜建立起上下联通、服务优质、有效覆盖的县级文化馆、图书馆总分馆制。[②]

"图书馆＋书院"模式的未来发展要依托省、市、县公共图书馆服务体系，

---

① 2017年1月，中办国办印发的《关于实施中华优秀传统文化传承发展工程的意见》。

② 2016年12月文化部 新闻出版广电总局 体育总局 发展改革委员会财政部关于印发的《关于推进县级文化馆图书馆总分馆制建设的指导意见》。

嵌入县域总分馆制建设过程，充分利用行业图书馆联盟、区域图书馆联盟、各高等院校图书馆以及科研院所的资源、组织、人才，借助数字图书馆推广工程、文化信息共享工程以及各项传统文化保护项目，推动实现组织协调、人才培养、活动内容的共建共享与融合统一。同时，重视平台建设，加强各书院之间的文化交流，既要重视各地"图书馆＋书院"模式的因地制宜，也要注重他们之间的共享共通，实现"图书馆＋书院"的各求所需。

4. 深入挖掘整合地方资源

地方资源是图书馆地域特色、文化底蕴的重要体现，图书馆开发地方文化资源，不仅可以保护当地的文化遗产，而且对本地历史文化的传承以及文化的建设起到关键性的作用。因此，图书馆在开展"公共图书馆＋书院"阅读推广服务时，要注重地方资源的挖掘和整合，建立地方文化资源建设和保存系统，实现地方文化资源的深入挖掘和传播。首先，图书馆要加强地方建筑资源的保护和挖掘，特别是一些文物保护单位，要将保护与使用相结合，发挥这些地方资源的价值。例如，图书馆拍摄一些地方建筑照片，将这些照片组织编码，建立照片数据库，用数字化的形式保存地方建筑资源。其次，图书馆要加强地方文献资源的保护。图书馆要注重地方文献信息资源的采访与组织，让地方优秀文献资源成为书院服务的重要内容；建立地方文献数据库，积极宣传和利用地方文献。最后，图书馆要加强地方名人资源的挖掘和利用，邀请当地的名人到书院开展活动，充实图书馆书院服务队伍。

5. 建立科学评估考核机制，提升工作实效

建立科学的考评机制是"图书馆＋书院"建设的重要杠杆。随着"图书馆＋书院"模式在全国展开，要提升工作实效，促进"图书馆＋书院"模式升级，应进一步通过加强内部考核、内部监督，引入第三方考评机制，建立社会监督员制度及发挥新闻媒体的舆论监督作用等方式，建立健全的科学评估考核机制，是"图书馆＋书院"可持续发展的重要动力。

可以说，全国"图书馆＋书院"无论在数量还是在运行内容的广度上都卓有成效。但随着时代发展，民族文化复兴要求当代书院应从质量和深度上求创新、谋发展，实现服务效益最大化。

第八讲

现代书院经典阅读推广的组织与方法

第一节 经典阅读在现代书院的复兴

经典阅读是对知识传承与文化延续的一种方式方法。近年来，各种形式活泼的阅读推广活动受到越来越多的关注，而作为阅读推广的载体——书院，从古至今一直发挥着重要作用。伴随着中国现代化进程的加快，书院历经上百年的沉默后，再次呈现出蓬勃发展势头，经典阅读在书院中的传播发展显示出旺盛的生机与活力。在中华优秀传统文化复兴之时，现代书院对经典阅读的推广作用逐渐被人们重新认识。

一、经典阅读在（古代）书院中的历史传承

中国古代传统经典阅读体系受朝廷政治措施和文化政策的影响，是以士大夫阶层为主体，以儒家经典为主导，以科举入仕为风向标，兼及修身养性的阅读体系。书院作为民间教育和社会阅读的重要组织者，自产生以来，历代统治者看到其在巩固政权、教化人心方面的作用，从维护自身统治、维护道学传统的目的出发，以不同方式，在不同程度上对书院予以关注、支持，从而影响书院的阅读目的和阅读秩序。一方面统治者赐书、赐额、颁赐学田、表彰嘉奖书院师徒支持书院建设，促进书院官学化，明确书院"广学崇儒"的性质。朝廷赐书，是书院教材来源之一，从

中可略微窥见书院的经典阅读情况，据史料记载，宋初几所著名的书院先后数次获得颁赐的经书、史书和韵书：北宋太平兴国二年（977年），宋太宗向白鹿洞书院颁发国子监印本《九经》，并赐院额悬挂。北宋之岳麓书院，李允则在请赐的书籍中有"诸经释文义疏、《史记》《玉篇》《唐韵》"等。此外，书院在发展过程中，逐渐成为儒学士子读书、讲学、传经论道的重点场所，用儒家经典来解释日常伦理和价值观念，并规范了经、史、子、集的学习秩序，最具代表性的莫过于元代程端礼所著的《程氏家塾读书分年日程》，提出书院生徒的学习内容要以儒家经典的经注及本经传注为主，成为后世书院指导阅读学习的课程教学计划。

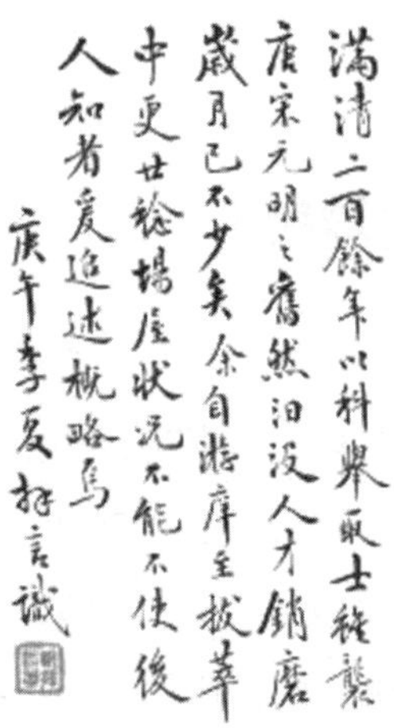

图8-1　清末广东县级科举
取士纪实

另一方面自隋唐以来建立的"择优取士"的科举制度成为各级学校读书教育的目标，书院也不可避免地渗透着"学而优则仕"的阅读目的。在科举制度1300年的发展进程中，儒家经典依然是科举考试的主要内容，唯有唐代和北宋初期出现了取士以儒家经学为重或以文学辞章为主的争议。元代朱熹所著儒家经典《论语集注》和《孟子集注》被批准为官方教材，程朱理学成为科举考试的核心内容，[①]明清时期，八股文作为科举考试的成文格式，使科举制度更加完备。可以看出，作为培养士人的书院与选拔官员的科举制度共同影响着社会阅读风气，一方面书院教学注重对"四书""五经"的阅读研习，并促使《孟子》与《论语》作为"兼经"列入考试内容，客观上有利于生徒的应试，另一方面，科举考试中强调的阅读能力主要是记忆力，所以对"四书""五经"的熟读成诵成为科举阅读的基本功，[②]这大大激发了书院生徒们的读书热情。但同时，随着科举制度的发展，书院经典阅读研习体现出越来越多的功利性。

书院由唐而历宋、元、明、清，经过千年的发展逐渐形成围绕藏书、教学、祭祀等开展各种活动的场所，成为儒家知识分子传播儒家文化、培养儒学人才、

---

① 刘海峰.科举制与儒学的传承繁衍［J］.中国地质大学学报（社会科学版），2009, 9（1）.

② 王余光.《中国阅读通史·明代卷》，［M］.合肥：安徽教育出版社，2017：174.

从事儒学研究的重要基地。随着新学、西学的融入，书院更为中西方文化架起沟通的桥梁。而清末，科举革废，与之密切相关的书院被朝廷下令改为学堂，教育体系的变更，并未使书院名实皆亡，中国传统文化的血脉在新的教育形式中得以贯通，传统经典的阅读也得以延续，并在改革开放后迎来复兴。

二、近代教育之改革对（现代）书院经典阅读的影响

伴随着近代中国社会曲折的历史进程，各种社会思潮激烈交锋，近代学术思想和教育制度同样发生着百转千回的变化。受当时政治环境的影响，在中国存在了近1300年的古代书院随着清朝光绪帝的一纸诏令纷纷改为学校、学堂，教育从形式到内容发生了根本性的变革，新式教育不再以四书五经为中心，新式学堂的育才标准由办事专才取代传统道德文章的通才，分科框架下的教学内容由中西并包取代传统经典。但随着学堂制度的深入推进，以马一浮、熊十力、张君劢、钱穆、梁漱溟等秉承儒学精神的知识分子察觉到学校、学堂在人文教育上的缺失，拟以书院圣贤之学匡补时弊，恢复儒家传统，保存

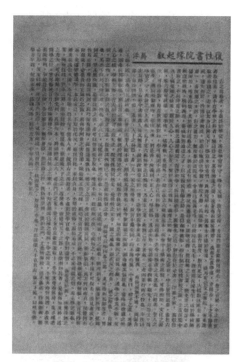

图8-2　复性书院缘起叙图

和接续中华民族的文化血脉，进而发起了20世纪第一次复兴书院的运动，重华书院、复性书院、勉仁书院和民族文化书院等都是这一时期书院的典型代表。他们借助书院载体恢复儒家学说，阐述新儒理念，但各书院在教学内容和办学宗旨上面并不尽相同，进而影响到这一时期书院的经典阅读范围和阅读方法。下面以新儒三大家马一浮、熊十力和张君劢创办的三大书院简要论之。

由马一浮创办的复性书院在《复性书院简章》中开宗明义点明"书院以综贯经术、讲明义理为教"的教育宗旨取径宋明儒讲学精神，以儒家经典为根底，以

《诗》《书》《礼》《乐》《易》《春秋》六艺统领一切学术，将科学、哲学等西方学术摒弃在阅读学习范围之外，但是主张学生应"兼明外学，通知外事"。与马一浮一样，熊十力同样认为当时的学校专以知识技术为务，轻视文史哲，不利于培养完善的人格。他主持的勉仁书院主张以儒家学术统领传统学术，反对考据式教学，特别重视《易》《春秋》和《周礼》三部儒家经典，但是对于西方学说并不排斥，主张兼容并蓄地阅读吸收。1940年，张君劢在云南创建民族文化书院，他主张要"以培养德智交修，诚明并进之学风，共同研讨学术文化，致力身心存养，以期担负文化复兴之大任"。① 书院分四系：经子学系、史学系、社会科学系以及哲学系。在经学的阅读学习方法上，既要注重文字，更要注重义理。史学要重点关注秦汉唐三代，加强研究民族精神之所在。民族文化书院无论从学习内容还是教学宗旨来看，都是符合现代教育体系要求的，借传统书院之形式办现代教育。见图8-3、8-4。

图8-3　民族文化书院缘起1　　　　　图8-4　民族文化书院缘起2

可以看出，处于新旧交替，中西文化碰撞时期的书院，打破了过去以儒家经典为主要阅读内容的传统，传统阅读对象成为近代书院经典阅读的训练内容，阅读功能从实用性转变为文化性，即从以往的"学而优则仕"转变为敦品励行、学行并重、

① 台湾学生书局. 中西印哲学文集［M］.台北：台湾学生书局，1981：1432.

传承文化与提高素质的作用。尤其对经书的学习和阅读从核心内容变成了组成部分。从社会意义上讲，近代新儒家对书院的复兴实为国难当头之际，知识分子秉承儒家入世救国的传统，聚民心、增气节，重建中国文化主体性和民族精神之根本，书院经典阅读被赋予了新的时代内涵。

三、中华传统文化的弘扬促进当代书院经典阅读的推广

在近代国运不济，民族自信力衰退的形势下，传统文化难以有立足之地，但传统文化知识的阅读和教育该如何进行无时无刻不再讨论。21 世纪以来，随着我国国家综合实力的提升，社会经济的发展，文化自信的增强，中华优秀传统文化的弘扬促进当代书院经典阅读推广的繁荣复兴。

中华优秀传统文化是中华民族的根脉与灵魂，是最深厚的国家文化软实力，是中国特色社会主义根植的沃土，是坚定文化自信的力量源泉。改革开放以来，中华优秀传统文化越来越受到重视。特别是党的十八大以来，以习近平同志为核心的党中央更是把中华优秀传统文化提升到前所未有的高度。2013 年习近平总书记视察山东曲阜，发表重要讲话强调，一个国家、一个民族的强盛，总是以文化兴盛为支撑的，中华民族伟大复兴需要以中华文化发展繁荣为条件。对历史文化特别是先人传承下来的道德规范，要坚持古为今用、推陈出新，有鉴别地加以对待，有扬弃地予以继承。2017 年，中共中央办公厅、国务院办公厅印发了《关于实施中华优秀传统文化传承发展工程的意见》（简称《意见》）指出，文化自信是更基本、更深层、更持久的力量。中华文化独一无二的理念、智慧、气度、神韵，增添了中国人民和中华民族内心深处的自信和自豪。2018 年教育部，国家语委印发《中华经典诵读工程实施方案》的通知显示，国家将中华优秀传统文化的传承发展、传播创新提升至战略层面，将经典阅读融入大文化领域，并通过"一带一路"、孔子学院、传统文化进校园等国家文化品牌继承创新。可以看出，不管是《意见》还是《中华经典诵读工程实施方案》都是对于中华优秀传统文化传承发展的肯定，在推动当代书院经典阅读推广中发挥着重大的作用。

书院历经百年沉寂，在文化自信的政策支持背景下，在国家对中华优秀传统文化大力弘扬和发展中，又重新焕发了生命力，如雨后春笋般发展起来。当代书

院大多秉承古代书院的优良传统，开展以儒家文化为核心的经典阅读。如厦门筼筜书院以诸子百家经学为教学核心，江西豫章书院注重尊德行道问学的教学特色，北京七宝阁书院开设国学经典班和周末读经班。这些书院形式多样，各具特色，但都以承继和研习中华传统文化，振兴儒家教育思想为己任。其中山东省尼山书院更是创新性地以"图书馆＋书院"的模式开展经典阅读推广活动。尼山书院大力推广社区儒学、乡村儒学，建成乡村（社区）儒学讲堂2.3万余个。开展优秀传统文化送基层、送乡村活动，在山东省建设省、市、县三级尼山书院联盟，各级尼山书院举办各类活动2.2万余场次，参与群众195万余人次。这些遍布山东省的书院和儒学讲堂，将中华优秀传统文化贯穿生活，融入社会，传承经典的同时，强调做人的根本与健全的人格，将儒学经典的阅读推广重新拉回民间。

第二节　现代书院经典阅读推广的特点

阅读以文本为对象，经典作为一种代表性文本具有共同的特性，反映一个时代的价值取向，是对知识的传承与文化的延续。中国古代书院注重维护儒学，儒家经典是其主要阅读研习的内容，现代书院大多秉承古代书院的优良传统，以传承国学文化，弘扬中华优秀传统文化为己任，因而在经典阅读推广的方式方法上有较多的共性，但信息化时代，新技术、新知识日新月异，一方面，作为一种文化现象，阅读随着时代的变迁而变化，另一方面，阅读是对历史传统的继承与延续，阅读经典文本、阅读方法和阅读宗旨都会被当代书院大力弘扬和发展。

一、现代书院经典阅读推广的特点

1. 时代性

当代书院经典阅读是一种文化活动，受社会环境、文化思潮的影响，随时代的变迁而显示出不同的特点。一是经典阅读反映时代精神。当今世界，文化已经成为国家核心竞争力、国家软实力的重要组成部分，书院经典阅读推广为中华优秀传统文化的振兴提供必要的传承传播平台和条件，与实现中华民族伟大复兴的时代精神高度契合。二是经典阅读反映时代生活方式。在"国学热"的思想潮流下，阅读成为一种精神追求，传统经典文献的阅读研究更多地被当作增长知识、陶冶情操的方式，全民阅读已成为一种社会风气，符合人们对美好生活的追求与愿望。

2. 传承性

书院经典阅读传统是代代相传的阅读文化和历史遗产，它是在人类长期的阅读历史中产生的，被人们普遍认同和接受的。[①]当代书院继承古代书院求知、修身的阅读传统，立足对国学精髓的传承与弘扬，通对儒家经典、中外经典知识的讲授，了解古圣先贤们的智慧深见，传承中华民族优秀传统文化，注重个体道德、国家和社会责任的培养。

3. 创新性

在新时代下，书院经典阅读的推广，需以改革创新的时代精神，提升传统文化的优点，抛弃其不合时宜的方面，赋予经典阅读以新内涵、新方法，注重创造性转化与创新性发展，让优秀传统文化在新时代里转化为现实的生产力，落实到个人的信仰与实践中。古代书院在经典阅读推广中注重自学，朱熹总结读书治学的经验方法，提出很多见解，即"循序渐进、熟读精思、虚心涵泳、切己体察、着紧用力和居敬持志"。这就是由朱熹弟子整理的为后人所遵循的"朱子读书法"。古代士人阅读研习经典要求做到读思结合、读习结合、读行结合，注重吟诵、抄读。师生之间采取讲会、会讲的方式对经典读本进行深入探讨。现代书院在继承古代书院的阅读方式中，考量当前社会经济文化环境，统筹经典阅读课程体系、参与人群等多种因素，结合社会力量，采用新技术、新媒体以讲座、课堂、展览、夏令营、数字化等多种方式开展经典阅读推广活动。

4. 世界性

传承和创新优秀传统文化，推广书院经典阅读一方面是增强国家的软实力，提升人民的德育水平，另一方面是搭建与其他民族文化沟通的桥梁。当代书院在经典阅读推广上还以国际儒学论坛为契机，大力推动中外文化文明交流，积极参与国际上儒学和中华传统文化传播和发展领域的合作，有计划地推动儒家

---

① 王余光，《中国阅读通史·理论卷》，[M]．合肥：安徽教育出版社，2017：290.

经典翻译工作，将儒学传播给世界，让世界更了解中华传统文化的话语体系。

第三节　现代书院经典阅读推广的组织方法与内容

一、经典阅读推广的组织方法

现代书院通过提供阅读服务、举办展览等多种活动培养和提高公众的阅读习惯和能力，使经典阅读融入日常生活，进而促进社会阅读氛围的形成。

1. 跨界合作

建立书院联盟、整合社会资源，拓展服务区域已经成为书院经典阅读推广的共识，是开展跨领域、跨部门合作的有效组织方法。书院深入开展经典阅读推广，既要有内在资源保障，也要有多方面的专业人才保障，与社会各个部门、各个单位共同举办多种多样的经典阅读推广活动，积极探索多路径传统文化传播传承模式，共建共享、合作推进。既整合了内部资源，又拓展了推广方式和推广领域。如厦门市汇圣贤国学院与厦门市部分中小学之间形成互帮互助的关系，利用中小学的师资资源开设讲座；而尼山书院与山东大学儒学院开展合作，夯实人才和学术支撑，积极发动专家教授参与书院建设。此外，尼山书院搭建平台，开展经典书籍、经典讲座进社区、进学校、进企业的公益服务，营造学习型社会良好文化氛围，促进全民阅读，为公民终身学习提供保障。

2. 阵地服务

书院拥有丰富的传统经典文献，海量电子资源以及良好的阅读环境，将国学经典以展览、触屏、电子图书馆等方式展示，利用数字化、多媒体实现经典文献的可操作性和体验性。开设经典诵读课程，传播诗教，唱响礼乐，课程与活动相结合，线上线下联动，打造舒适的经典文献阅读、互动、体验空间，营造良好的阅读氛围,提高公众对传统文化、典籍经典的认知与兴趣,弘扬中华优秀传统文化。

3. 品牌建设

书院文化品牌是中华优秀传统文化与书院文化有机融合的关键所在，以山东省尼山书院的品牌建设经验为例，尼山书院充分利用品牌影响力，以国家高端文化交流活动"尼山世界闻名论坛"为契机，整合各类文化活动，邀请国内外高校知名学者开展国学讲座，打造"尼山书院公开课""名家论坛"等传统文化品牌活动，推动中华优秀传统文化的传承与弘扬。见图8-5。

图 8-5　数字国学体验馆

4. 构建标准

制定书院建设与服务标准、国学推荐书目与必备书目、国学讲读专家库、书院服务流程和考核机制，加强体系化、标准化建设与管理。在队伍、活动、资源等方面统筹配置，建立完善建设、服务、活动、教材、管理等方面的标准体系，保障书院规范化管理和科学化发展，引导经典阅读推广的科学化、规范化。

二、经典阅读推广的内容

古代书院以儒家四书五经为基本阅读内容，以礼教与德教为教育宗旨。新时代，绵延数千年的传统阅读对象成为现代书院经典阅读推广的训练内容。

1. 传承优秀传统文化

古代书院历史绵延，士人们通过阅读学习经史文学、社会文化知识可以科举取士，实现平生志向，同时客观上维持、普及、推广儒家思想。在现代书院中，经典阅读由实用性向文化功能转变，从"学而优则仕"变为涵养情趣、传承文化。如尼山书院通过开展中华优秀传统文化专题课程，体验传统汉服之美，通过诵读《千字文》和中华经典诗词领略古代诗词之美；通过拜孔礼、拜师礼感受古礼所蕴含的深远意义。从理论到实际，从文字到体验其目的在于"应用本国固有语言文字，深切了解固有文化"，[①] 传承优秀传统文化。

2. 普及国学新知

中国传统社会尊儒重经，围绕儒家经典、程朱理学及其各大儒对儒家经典的阐释文章成为社会阅读风尚。现在，很多经典名著仍然具有旺盛的生命力和吸引力，如《论语》《孟子》《史记》等，但很多考据之学的著作影响力逐渐减弱，《唐诗三百首》《古文观止》等国学经典受到欢迎，《三字经》《弟子规》等蒙学读物成为现代书院开展经典阅读推广的必读书目，显现出阅读由艰深向通俗，选本由文言向白话化转变，国学研究以普及知识、提升文化素养为目标和主旨。[②]

3. 推广中华美德教育

中华礼仪之邦，社会公德的缺失是当下亟须重视的问题。公共场所是检验社会公德最好的学校。书院的文化责任就是通过大众教育等传播手段，来影响人们的思想和文化，协调人们的价值取向，使人们树立正确的人生观、价值观，改变不和谐的因素。现代书院大力推广乡村儒学、社区儒学，把优秀传统文化和优良道德风气送到基层群众中间。此外定期举行祭孔典礼、开笔礼、成人礼、节气节日等礼乐教化活动，开设《常礼举要》课程，知守社会交往礼节。家庭尊敬礼节指导洒扫、应对、进退之礼。

---

① 王余光.中国阅读通史·民国卷［M］.合肥：安徽教育出版社，2017：280.
② 邓洪波.论中国书院教育的层次性［J］.南京晓庄学院学报，2005：021（004）：109–115.

第四节　现代书院经典阅读的宣传推广与绩效评价

新时代，随着互联网技术与新媒体技术的不断普及，微博、微信、APP 等社交媒体在公共图书馆阅读平台中的广泛应用，各种数字化阅读、跨媒体阅读刷新人们的阅读习惯与交流方式，传统经典在文字之外有了更多的表达方式，经典阅读推广应当充分利用网络媒体和新媒体特点，适应移动互联网下阅读模式、信息传播方式的改变，通过立体化服务、新媒体意识，为读者提供更好的阅读体验，为现代书院经典阅读的宣传推广提供有力保障。

一、经典阅读的宣传推广

阅读媒介的改变直接影响人们的阅读体验，传统阅读方式下，对经典的阅读更多停留在纸质文献中，而在互联网时代，经典阅读宣传推广的策略多种多样。以下举例分别论之。

1. 以书院为阅读推广阵地，打造经典阅读的活动宣传

实体阅读空间是开展经典阅读推广的主阵地，现代书院一般都具有优美的阅读环境，齐全的阅读设备以及相对固定的阅读推广人群，凭借其场所和用户的优势，通过国学课堂、典籍展览、艺术展示的形式开展灵活多样的线下活动，突出体验性和操作性，吸引传统文化爱好者，宣传经典阅读。同时注意对阵地活动的媒体宣传：（1）注重与传统平面媒体、广播电台、电视台的合作，迎合不同受众的阅读习惯，全方位、立体化地宣传推广经典阅读活动。（2）将基于阅读推广阵地开展的线下活动制作成音频、视频，或以网络直播的形式同步推广，方便受众保存、学习、反复欣赏。（3）联合网络资源，依托自媒体平台，定期推送书院经典阅读的相关信息，提升用户黏度和文化影响力。

2. 通过载体形态的创新，宣传经典文献数字化阅读形式

相对于传统的纸质经典文献阅读，数字化阅读能够使读者获得更丰富的阅读体验，不受时间空间的限制。根据阅读环境的变化，用户会选择更合适的经典阅读方式，比如在碎片化时段利用手机、平板对经典文献的浅阅读，经典文献的数字化不仅是对书院特色古籍文献的数字格式转化，更重要的是对经典文献作品的

数字化改变与创造，使之更适合利用新型媒体渠道进行数字资源宣传：（1）建设数字阅读平台，提供以电子书、国学故事、地方文献中有关本地传统文化的文字、图录等创作成的电子资源为主的数字阅读。（2）在书院开办经典文献数字化阅读讲座，开辟数字阅读体验区。（3）畅通网络渠道，提供电子书等经典文献的移动借阅服务，有针对性地进行阅读指导，提高书院经典阅读数字化利用率。不管是纸质文献还是数字文献，改变的只是宣传经典阅读的方式，但阅读的本质——获取优质的经典阅读体验并没有改变。

3. 整合网络平台资源，形成经典阅读网络推广模式

近年来，随着互联网的快速发展和推广应用，各种网络视听资源的传播频率越来越高，现代书院通过整合网络视听资源，推广经典阅读，能够为读者提供便捷性、生动性、互动性的阅读体验。主要有以下网络推广模式：（1）主流门户网站和社交网站因其拥有固定的受众，认知广泛，所以在宣传经典阅读推广上有天然的优势，在知乎、新浪微博、腾讯网相应的读书频道"安家"，宣传书院经典阅读，不断拓展受众群体。（2）利用微博、微信公众号等图书馆自建平台定期宣传丰富多彩的阅读推广活动的相关信息，利用微博转评赞、微信阅读好看数等大数据的分析组建国学爱好者群，利用新媒体的互动留言功能了解反馈信息，开展用户导读、活动推荐、文献服务等，有针对性地宣传经典阅读。（3）联合在线知识平台。目前，随着"互联网+"和知识经济的发展，在线知识分享平台越来越多，经典阅读推广也从线下走到线上。比较著名的有喜马拉雅、荔枝微课，此外有实力的互联网公司也都大力发展自己的知识付费或免费平台，如腾讯、网易慕课、人民网慕课等都实现了在线直播、交互的基本功能，现代书院可以联合在线平台，利用广大用户群体，突破时间空间的限制，宣传推广经典阅读。（4）利用网络读书会。近年来，举办读书会、分享读书感想成为新的阅读形式，由此产生的樊登读书会、吴晓波书友会、豆瓣阅读、网易云阅读等网络读书会吸引大批受众，联合网络读书会，宣传传统文化，推广经典阅读。（5）用小视频等自媒体。今日头条、抖音小视频、火山小视频、快手小视频最容易形成网红，产生流量，以年轻人最喜欢的打卡行为为出发点，将居于庙堂之上的经典阅读推广活动制作加工、剪辑成文化热点、网络流量，于润物细无声中宣传经典阅读。

4.通过服务模式的创新，拓展"阅读+"的主题宣传

随着大众对社会阅读的重视，阅读越来越成为人们的一种生活方式和社交形式，人们在看到听到经典内容会乐于分享、传播、互动，不自觉地成为经典阅读推广中的一个环节。书院经典阅读推广也随着环境不断地发生变化，由单向的、人与书的阅读模式转变为多维度、社会化的"微阅读""评阅读"[①]，创新书院经典阅读服务模式，以"经典阅读+旅行""经典阅读+艺术""经典阅读+生活"等多主题宣传推广书院经典阅读的广度和深度。

二、经典阅读推广的绩效评价

上文论述了以多种方式开展宣传经典阅读推广，而通过对阅读推广的有效评价能够更好地了解用户需求，提升经典阅读推广的服务质量。主要可以从以下几方面进行：一是根据本省各级书院的实际情况，制定最低达标线，考核开展阅读推广书院的硬件、主办人员、活动次数、参与人数，媒体相关报道，活动影响范围等情况；二是采用调查问卷、随机访谈的方式调查读者对经典阅读推广活动的认可度、满意度；三是引入第三方考评机制，以大数据为基础，联合大众传媒、智库等机构定期分析书院开展阅读推广活动的传播力度、热点事件、舆情走向以及发展趋势等，并生成调研报告来作为下一步工作的参考；四是建立社会监督制度。聘请监督志愿者，联合合作机构，定期反馈信息，提升书院阅读推广活动的社会影响力和群众参与度。

第五节 现代书院经典阅读推广中应注意的问题

现代书院在经典阅读推广中发挥着重要的作用，对传统文化传播、国学知识普及、国学精粹的理解都起到积极的促进作用，在今后的推广过程中应当注意以下问题。

---

① 李剑.微信公众平台在阅读推广中的应用分析——以广东省高校图书馆为例［J］.图书馆研究，2015（4）：92–96.

一、学思并重，致知力行

经典阅读需要做到学与思的结合，现代书院对经典的阅读推广的认知往往停留在表面，缺少深度与广度，朱熹曾告诫他的学生要"熟读精思"，陆九渊要求学生要"切记致思"。此外经现在很多国学教师缺乏深厚的学术功底，对经典的理解有限，只是根据自己的理解教授国学，导致教授的知识肤浅，无法从人文修养等更深层去理解、实践经典。因此，国学教师本身应努力提高知识的广度和深度，高等院校应当注重培养国学教师，特别是国学大师，当代学生更应当致知力行，对道德规范、人伦知识做到身体力行，知行合一。

二、切己体察，双向互动

书院推广经典阅读，学生研习经典文本都强调对教材内容要认真钻研领会，深刻思考，并鼓励质疑问难，教师与学生就疑难问题充分交流、讨论，各自论述对国学的观点与看法，秉承问难与论辩两种精神开展阅读推广，其精髓在于"启发"精神，师生在"善问"与"回答"之间完成对经典的启发式阅读。

三、传承文化，恪守公益

书院从产生之日起，就担负着文化研习和文明传承的使命，书院有着厚重的文化底蕴，承载着中华文化优秀的教育传统和文化传统，对中华文明的延续发展、中华优秀传统文化的复兴有着重要的作用，书院的当代复兴，有利于中华文化的传承和民族精神的培养，但同时也要警惕在当今"国学热"的社会思潮催化下，书院复兴借市场化之名敛财，沦为赚钱盈利的工具。书院是中国特有的教育组织和文化机构，承载着千年的文脉与人文期许，在实质收益与人文精神之间，坚持公益性是书院助推中华优秀传统文化传承发展的必经之路。

四、批判继承，创新发展

书院的当代复兴，是对传统文化取其精华，去其糟粕的过程，中国传统文化源于古代文教政策和社会思想，随着现代社会经济的发展，"三从四德""男尊女卑"等一些古代的文化风俗已经不适应现代生活，古代传统文化也面临着如何适应现代社会发展的问题。只有对传统文化批判地继承，去粗取精、去伪存真，才能实现传统文化的现代转化。当代书院需要结合时代特点与要求，突破局限，不断创新内容和形式，实现书院文化传承与现代文化的真正结合。

第九讲

书院模式的境外流变

书院作为中国古代特有的社会教育机构和儒家学术中心，其讲学、祭祀、藏书等活动都围绕着中国传统儒家思想来开展，可以说是中国本生的文化环境滋生了书院。随着中华文明尤其是儒家思想的对外传播，书院这种教育模式也被移植到了境外，为传播中华文化，促进中外文化交流，进而推进世界文明的发展做出了贡献。

第一节 境外书院发展概况

中国书院最早何时被传播到境外，目前还没有足够的资料可以证明，但从历史上的中国文化交流整体情况来看，书院这一概念应是在晚唐时期随着儒家文化的境外发展而被带到了各地。境外文献中最早的"书院"记载是在朝鲜的新罗末年，也就是我国的唐末五代时期，当时朝鲜朝廷设有"瑞书院"，但是此书院是掌管国家的机密事务的特务机关，而非文化教育机构。就此来看，当时朝鲜在学习中国文化的过程中只是取用了"书院"之名而已。真正意义上境外具有完善的藏书、教育、祭祀功能的书院是从明代永乐年间开始的，也是自朝鲜而起，进而在本国快速发展，形成了同我国相近的书院制度。我国台湾在明代末期随郑成功治岛后，建立了同中央政府相统一的教育体制，从而开始了书院在岛内的发展。清代顺治年间，日本也初创书院，成为有本国特色的教育机构。雍正年间，书院又由外国传教士移植到了西洋的意大利、美国等地，同时随着华侨的境外发展，南洋的印度尼西亚、新加坡等地也出现了书院的身影。至此，书院开始了境外的发展，由东洋至西洋而至南洋进而落地到世界各处。

境外的书院在基本职能和本质方面与本土的书院有着一脉相承的关系，但又受到本地经济、文化、地域的影响，各自具有其不同的特点，有别于本土书院。大概说来境外书院可分为几类：一是直接复制。整体面貌、运行机制乃至建筑形式都与本土书院看齐。这直接反映在东亚文化圈的台湾地区、朝鲜和日本，但是在基本功能方面又有着各自的侧重，如台湾地区的书院主要是在普及祖国大陆先进文化上做工作；朝鲜的书院重在道统的延续，强调祭祀的作用；日本的书院多为私人治学服务，重在书籍的刊刻和收藏。二是华人圈内的书院。主要是南洋各国的书院，这些书院大多由当地华人创办，目的就是铭记祖国文化，尤其重视对第二代、第三代的教育，在当地形成了浓厚的中华文化氛围。三是在外国政府支持下建立的境外书院。最典型的就是意大利的文化书院和美国的大清书院，这些书院往往充当着中国和当地国家文化交流的中介角色，为华人学习西方知识提供便利条件，同时也将中国的文化介绍到当地。

第二节　亚洲儒学文化圈地区书院

一、中国台湾地区

台湾自古就是我国的领土。早在三国孙吴时，大陆汉族人民就已成批陆续移居台湾、澎湖，开发宝岛。元代在泉州同安县设澎湖巡检司，管辖澎湖和台湾。清康熙二十二年（1683 年）统一台湾，置台湾府。此后一直到清光绪末台湾建省之前，有 200 多年是隶属于福建省的一个府。

由于长期以来中央政府政令不通，台湾岛内文化教育发展滞后，随着福建、广州居民的大量迁居台湾，带去了大陆的儒家文化，在民间自发组织知识普及性的义学，规模极其有限。明末郑成功收复台湾后，接受参军陈永华的建议，在岛内建立孔庙，创办学校，自此正统的中华儒家文化得以在岛内传播。康熙二十二年（1683 年），福建水师提督施琅平定台湾，为弥补台湾本岛无书院的缺憾，当年即在台南创办西定坊书院，由此拉开了台湾兴建书院的序幕。在其后的 20 多年中，相继创建了镇北坊、弥陀室、竹溪、东安坊等 8 所书院。其中康熙四十三年（1704 年）年建立的崇文书院应当是台湾首座具有完善规模的书院，还有康熙五十九年（1720 年）建立的海东书院，都对于台湾文化教育有重大影响。台湾史学家连横著的《台湾通史·教育志》中记述："台湾为海上新服。躬耕之士，多属遗民；麦秀禾油，眷怀故国，故多不乐仕进。康熙四十三年，知府卫台揆始建崇文书院。五十九年，分巡道梁文煊亦建海东书院。各县先后续起，以为诸生肄业之地。"[①]

　　清朝政府规定，各省府县衙须在所辖范围内各自建立学校，但台湾行政建制没有扩建，府学、县学无法增加，于是台湾的书院得以快速发展。官学偏重科考举业，以科举为目标，而书院属于基础教育，这样书院就成为清代台湾教育的中心，担负起地方进行普通教育的责任。自康熙至光绪的二百年间，据统计全岛共有书院近五十所，从时间上看，康熙、乾隆、道光、光绪年间建立书院最多。从地域来看，康熙年间初创时台湾南部居多，随着政治文化中心的北移，自乾隆年间起台湾北部的书院更加兴盛。从设置的特点来看，乾隆以前的书院，全部由来自大陆的地方官学所建。乾隆以后，则大多数由地方绅民所建。这一时期，随着生产力的发展，不少地方具备了创设教育机构的经济能力，区域内的社会势力也自发地出面办理书院创设的具体事宜。这样，在台湾书院的发展进程中，便出现了官办书院、民办官助书院、民办书院等多种办学形式。

　　近代日本侵占台湾后，在台湾施行殖民教育，强行关停书院，并将其改制为日化学校，企图以此割裂台湾与大陆的民族血脉。台湾人民以强烈的民族意识，保存了部分书院，延续着中华文化的岛内发展。直至今日台湾岛内仍有很多书院作为古迹保存了下来，如道东书院、蓝田书院、凤仪书院、学海书院等，这些遍布台湾的书院仍彰显着中华文化的强大生命力和凝聚力。见表 9-1。

---

① （清）连横.台湾通史，卷十一：教育志［M］.北京：商务印书馆，1983.

表9-1　台湾书院设置情况一览表 ①

序号	书院名称	地区	创建年代	沿革	是否存遗迹
1	西定坊书院	台湾府治（现台南市）	康熙二十二年（1683年）	靖海侯施琅建	否
2	镇北坊书院	台湾府治（现台南市）	康熙二十九年（1690年）	知府蒋毓英建	否
3	弥陀室书院	台湾府治（现台南市）	康熙三十一年（1692年）	知县王兆陆建	否
4	竹溪书院	台湾府治（现台南市）	康熙三十二年（1693年）	知府吴国柱建	否
5	镇北坊书院	台湾府治（现台南市）	康熙三十四年（1695年）	道宪高拱乾建	否
6	西定坊书院	台湾府治（现台南市）	康熙三十七年（1698年）	道宪常光裕建	否
7	西定坊书院	台湾府治（现台南市）	康熙四十三年（1704年）	道宪王之麟建	否
8	东安坊书院	台湾府治（现台南市）	康熙四十四年（1705年）	将军吴英建	否
9	西定坊书院	台湾府治（现台南市）	康熙四十八年（1709年）	道宪王敏政建	否
10	崇文书院	台湾府治（现台南市）	康熙四十三年（1704年）	原安东坊府旧义学，知府卫台揆建	否
11	屏山书院	凤山县治（现高雄）	康熙四十九年（1710年）	知县宋永清建	否
12	海东书院	台湾府治（现台南市）	康熙五十九年（1720年）	分巡道梁文煊建，乾隆十五年知府鲁鼎梅就县署改建	否
13	中社书院（奎楼书院）	台湾府治（现台南市）	雍正四年（1726年）	分巡道吴昌祚建	是
14	正音书院	台湾县治（现台南市）	雍正七年（1729年）	奉文设立	否
15	正音书院	诸罗县治（现嘉义市）	雍正七年（1729年）	奉文设立	否

---

① 王启宗.台湾的书院［M］.台北：艺术家出版社，1999.

续表 1

序号	书院名称	地区	创建年代	沿革	是否存遗迹
16	正音书院	凤山县治（现高雄市）	雍正七年（1729 年）	奉文设立	否
17	正音书院	彰化县治（现彰化市）	不详	奉文设立	否
18	南社书院	台湾县治（现台南市）	雍正年间	奉文设立	否
19	白沙书院	彰化县治（现彰化市）	乾隆十年（1745 年）	知县曾日瑛建	否
20	凤阁书院	凤山县前营（现高雄市）	乾隆十二年（1747 年）	不详	否
21	龙门书院	彰化县斗六堡（现云林县斗六市）	乾隆十八年（1753 年）	贡生郑海生、廪生吴家会、富绅张良源、陈子芳等建	否
22	玉峰书院	诸罗县治（现嘉义市）	乾隆二十四年（1759 年）	在文昌宫。知县李倓就原县学文庙址改建	否
23	明志书院	淡水厅（现新北市泰山乡）	乾隆二十八年（1763 年）	原为永定贡生胡焯猷自宅改设义学，淡水同知胡邦翰改为书院	是
24	南湖书院	台湾府治（现台南市）	乾隆二十九年（1764 年）	知府蒋允焄建	否
25	文石书院	澎湖厅治（现澎湖县）	乾隆三十一年（1766 年）	澎湖通判胡建伟应贡生许应元等之请，建于文澳西偏	是
26	奎壁书院	诸罗县盐水港堡（现台南市盐水区）	乾隆四十六年（1781 年）	赵家创建	否
27	明志书院	淡水厅（现新竹市）	乾隆四十六年（1781 年）	同知成履泰移建竹堑西门	否
28	螺青书院	彰化县东螺堡（现彰化县北斗镇）	嘉庆八年（1803 年）	不详	否
29	引心书院	台湾县治（现台南市）	嘉庆十五年（1810 年）	原为引心文社在宁南坊吕祖庙内拔贡张青峰、监生黄拔萃所建	否

续表2

序号	书院名称	地区	创建年代	沿革	是否存遗迹
30	主静书院	彰化县治（现彰化县）	嘉庆十六年（1811年）	知县杨桂森建	否
31	仰山书院	噶玛兰厅治（现宜兰市）	嘉庆十七年（1812年）	委办知府杨廷理建	否
32	萃文书院	凤山县罗汉内门观音亭（现高雄市内）	嘉庆十七年（1812年）	不详	是
33	凤仪书院	凤山县治（现高雄市凤山区）	嘉庆十九年（1814年）	知县吴性诚命候选训导岁贡生张廷钦建	是
34	振文书院	彰化县西螺堡（现彰化县西螺镇）	嘉庆十九年（1814年）	董事生员廖澄河筹建	是
35	屏东书院	凤山县阿猴街（现屏东市）	嘉庆二十八年（1815年）	岁贡生郭萃、林梦阳建。光绪六年郑赞禄重修。	是
36	兴贤书院	彰化县员林街	道光三年（1823年）	贡生曾拔萃建	是
37	文开书院	彰化县鹿港新兴街	道光四年（1824年）	同知郑传安建	是
38	凤岗书院	凤山县（现高雄市）	道光十六年（1830年）	绅民刘维仲、赖为舟、林四海等建	否
39	罗山书院	嘉义县	道光九年（1829年）	刑部侍郎中王朝请、知县张绅云筹建	否
40	蓝田书院	彰化县南北投堡（现南投县）	道光十一年（1831年）	县丞朱懋、生员曾作云等建	是
41	登云书院	嘉义县笨港	道光十五年（1835年）	邑人集资兴建	否
42	朝阳书院	凤山县（现屏东县）	道光二十一年（1841年）	不详	否
43	文英书院	彰化县岸理社（现台中市神冈区）	道光年间	邑人吕世芳、吕耀初父子所建	否

续表3

序号	书院名称	地区	创建年代	沿革	是否存遗迹
44	学海书院	淡水厅下坎庄（现台北市万华区）	道光二十三年（1843年）	道光十七年淡水同知娄云议建，二十三年淡水同知曹谨续成	是
45	修文书院	彰化县	道光二十三年（1843年）	贡生詹锡龄等捐建	否
46	鳌文书院	彰化县	道光二十五年（1845年）	不详	否
47	奎文书院	彰化县他里雾堡（现云林县斗南镇）	道光二十七年（1847年）	职员黄一章捐建	否
48	登瀛书院	彰化县北投堡（现南投县草屯镇）	道光二十七年（1847年）	不详	是
49	玉山书院	台湾县茄冬南堡（现台南县白河镇）	咸丰元年（1851年）	不详	否
50	道东书院	彰化县和美线街	咸丰七年（1857年）	不详	是
51	树人书院	淡水厅（台北市）	咸丰年间	陈维英等建	否
52	正心书院	日月潭	光绪二年（1876年）	不详	否
53	雪峰书院	凤山县港西里阿里港街（现屏东县阿里港）	光绪三年（1877年）	职员蓝登辉，董事张简荣、张简德建	否
54	登瀛书院	台北府治（现台北市）	光绪六年（1880年）	知府陈星聚建	否
55	明新书院	台湾府治（现南投县集集镇）	光绪八年（1882年）	陈长江筹建	是
56	启文书院	彰化县治（现南投县埔里镇）	光绪九年（1883年）	同知傅若金倡建	否
57	蓬壶书院	台湾府治（现台南市）	光绪十二年（1886年）	原为引心书院，知县沈受谦改建	是
58	磺溪书院	彰化县大肚下堡（现台中市大肚区）	光绪十三年（1887年）	不详	是
59	英才书院	苗栗县	光绪十五年（1889年）	谢维岳筹建	是

续表4

序号	书院名称	地区	创建年代	沿革	是否存遗迹
60	宏文书院	台湾府治（现台中市）	光绪十五年（1889年）	士绅林朝栋、吴鸾旂、吴海玉等建议，知县黄承乙建	否
61	明道书院	台北府治（现台北市）	光绪十九年（1893年）	台湾布政使沈应奎建	否
62	崇基书院	基隆厅治（现基隆市）	光绪十九年（1893年）	江呈辉建	否

二、朝鲜半岛

朝鲜半岛是将书院制度引入最早的境外地区。书院对朝鲜文化教育的影响极其深远，直至今日在朝鲜、韩国仍都可以看到大量的书院遗迹，足见对书院的重视程度。目前在流通的1000元面值的韩币上一面印有朝鲜最著名的陶山书院，另一面则印有书院的祭祀对象李滉。见图9–1。"书院"二字最早见于朝鲜的新罗末年，即在我国的唐末五代时期，朝鲜《三国史》卷四六《崔志远传》中记载："崔彦为年十八，入唐游学……四十二还国，为执事侍郎瑞书院学士。"这也是海外文献中首次出现"书院"二字，但此时的"瑞书院"只是朝鲜的国家机密机关，和教育无关。从上述记载可确凿看出"书院"一词也是朝鲜从唐朝引入的外来词汇。高丽成宗九年即宋淳化元年（990年），设"修书院"于西京（今平壤市），"令诸生抄（诗）书史籍而藏之"[①]。这是类似唐代集贤殿书院和丽正书院的修书机构，掌管国家藏书具有国家图书馆的性质。到李朝的世宗元年即明永乐十七年（1419年）朝廷颁布政令："其有儒士私置书院，教诲生徒者，启闻褒赏。"[②]自此书院的地位被中央政府所认可，历经500余年朝鲜书院的发展到了兴盛时期，可以说朝鲜书院的发展历史贯穿了整个李朝时期。

[①]（朝鲜王朝）郑麟趾.高丽史［M］.首尔：亚细亚文化社影印成宗乙亥字本，1972.

[②]（朝鲜王朝）朝鲜世宗实录.卷二［M］.首尔：韩国国史编纂委员会编刊，1957.

图 9-1　韩国 1000 元面值纸币

　　以我国的历史纪年为参照，自明代永乐年间开始，朝鲜书院的发展可以分为三个阶段：第一个阶段自世宗元年至明宗末年，即明永乐十七年至嘉靖四十五年（1419—1566 年），为朝鲜书院的初步发展阶段。这个阶段朝鲜书院从一个单纯教学机构发展成为教学与祭祀并重的文化组织，初步形成了教学、祭祀、藏书的基本职能完整的书院模式，并且涌现出一批在朝鲜历史上著名的书院。这一时期朝鲜书院的兴起是由于官学式微、科举紊乱、人才选拔制度的混乱直接引起的。李朝朝鲜的教育是由养士的学校制度和选士的科举制度共同组成的。到了世宗时期，科举开始显现弊病，贵族子弟可不经过科举直接登科当官，即使贵族子弟与寒门儒生同时参加科举，得中的也往往是贵族子弟，这就使得养士的学校失去吸引力，贵族子弟无须进入学校即可入仕，寒门儒生即使进入学校也无法通过科举。同时，兵役规定 20 岁以上的男子必须归属军籍，这使得大量寒门子弟不专于学校而转投热衷于生活有所依靠的军队，这使得官学进一步地衰微。然而李朝政府正值大力推行儒教时期，为了填补官学在教育中留下的空缺，朝廷便转而支持和鼓励民间私置的书院。

图9-2　现韩国绍修书院

世宗二十一年即明正统四年（1439年），成均馆主簿宋乙用上书，请令朝廷颁布学令，以规范官学及民间书院的日常教学。朝廷责令礼曹（朝鲜政府六部之一，负责科举、外交、礼仪等事务。）与成均馆共同商议，成均馆提议以朱熹的白鹿洞书院学规为准则，来指导朝鲜书院，"谨按：朱文公淳熙间在南康请于朝，作白鹿洞书院，为学规，其略曰：父子有亲，君臣有义，夫妇有别，长幼有序，朋友有信，右五教之目。……"[1]这是朝鲜史书上第一次提到朱熹所制定的白鹿洞书院学规，并且随着理学逐渐成为朝鲜的官学，从此后朝鲜所有书院基本均以白鹿洞书院学规作为自己的办学宗旨，也标志着朝鲜书院逐渐走向成熟。

到了中宗时期即明孝宗至明世宗时期，受到明代的影响形成了建立祠庙以崇儒尊贤的运动，这一时期朝鲜各地均建有祭祀理学大家如郑梦周、金光弼、崔致远等朝鲜儒学家的祠堂。正是在这种情势下，出现了教学与祭祀两种功能俱备的第一所书院白云洞书院，后改称为绍修书院。见图9-2。此书院建于中宗三十六年即明嘉靖二十年（1541年），最早是因儒学家安裕故居而建，起初功能即为祭祀，后聚诸儒生而肄业其中，并且"凡程朱之书，无不在焉"。[2]这所集教学、祭祀、藏书为一体的书院，具备了传统意义上中国书院的完备功能，一般的研究者均将其看作朝鲜书院的发端。不仅如此，除主祀先师外，它还以安辅、安轴兄弟配祀院中，开朝鲜书院配享从祀之例。明宗五年即明嘉靖二十五年（1546年）李滉请明宗赐额"绍修书院"，而开朝鲜朝廷的赐额制度。至此后朝鲜书院的数量不断增加。

第二个阶段自宣祖元年开始至景宗末年，即明隆庆元年至清雍正二年（1567—1724年）这157年间，历经7位皇帝，这是朝鲜书院的大发展时期。各朝均有新建书院，其中宣祖朝新建86所，光海君时期新建38所，仁祖朝新建57所，

①（朝鲜王朝）朝鲜世宗实录.卷八十六［M］.首尔：韩国国史编纂委员会编刊，1957.
②（朝鲜王朝）朝鲜中宗实录.卷九十五［M］.首尔：韩国国史编纂委员会编刊，1960.

李宗朝新建35所，显宗朝新建70所，素宗朝新建287所，景宗朝新建9所。这一时期朝鲜新建书院年均2所以上，发展速度以素宗朝时期为顶点，恰与我国明代万历年间书院发展的高潮同步。这个时期朝鲜书院的大发展主要原因就是政府的提倡，具体措施有以下几个方面：一是朝廷大量给书院赐额，赐额制度也起源于我国宋代书院，用以鼓励、褒奖书院，同时也是书院的一道"护身符"，大大提高了书院的社会地位，如宣宗时期就有21所书院请得赐额，显宗时期赐额书院有42所。二是朝廷赐书院学田并免除学田的赋税，这也是学习中国书院学田制度的结果，使得书院可以自给自足，有了维持发展的经济保障。三是朝廷允许书院有供自己使用的"院奴"，用以"院事斋事"和"耕作院田"。还规定了数额，孝宗时为赐额书院7人，未赐额书院5人；肃宗时赐额书院增至20人，未赐额书院则不定额。同时规定院奴"人不得役，官不得夺"，这就为书院正常运行提供了有力保障。此外，朝廷还派官员主持书院祭祀，赐祭品等。这些措施都表明了政府对书院发展的重视，使得书院在朝鲜蓬勃发展。此外，地方儒林的热心创办也是书院发展的重要原因。书院以教学和祭祀为两大事业，朝鲜书院尤其重视祭祀，各地的士绅特别注意乡贤及先贤先儒的教化作用，在他们的过化之处纷纷建院祭祀。供奉于朝鲜书院的先贤达1300人之多，而像宋时烈、李滉等朝鲜著名儒士同时被30余所书院供奉。

第三个阶段是自英祖元年至高宗八年，即清雍正三年至同治十年（1725—1871年），这一时期新建书院仅29所，是朝鲜书院的衰落期。任何事物的发展都是盛极而衰，朝鲜书院在兴盛期也显现出了衰败的苗头，其最大的问题就是滥设、迭设，各地书院近500余所，这在地域狭小的朝鲜可谓规模庞大。仁祖时期朝廷就对此有所察觉，并且制定了未经批准不许新建书院的对策。然而书院越建越多，同时也出现了霸占土地、广聚院奴、庇护罪犯、参与党争、干涉朝政等种种弊端，对国家的经济、兵役及社会稳定都构成了重大的威胁。政府随即改变扶持政策，继而采取严厉的措施对书院进行整顿。英祖十七年即乾隆六年（1741年）诏令撤毁祀院300余所，成为大规模撤废书院的开始。纯祖元年（1801年）温阳、金山郡、石成县三邑书生私设书院，受到严惩，地方官员也受到"从重推考"的处分。高宗二年即同治四年（1865年）摄政的大院君力排众议，撤废了素有"书院之魁首"的东万庙,开始了全面的裁撤书院行动。高宗八年（1871年）发布了诏令"文庙从享人以外的书院及迭设书院,并为毁撤",全国除保存47所书院外,各地书院均强行撤毁。至此,书院在朝鲜开始逐步退出历史舞台,1897年高宗改国号为大韩帝国,1910年与日本签订《日韩合并条约》,朝鲜被日本吞并,朝鲜书院也步中国书院之后完成了其历史使命。

表9-2　朝鲜历代书院设置情况

年代＼地区	庆尚	全罗	忠清	京畿	黄海	江原	平安	咸镜	小计
明宗	12	3	1	1	1	1	2	1	22
宣宗	25	13	7	6	8		3	1	63
光海军	12	5	6	2	1	2			29
仁祖	11	6	5	2		2	1	1	28
孝宗	10	5	2	4	3	2	1		27
显宗	14	8	8	5		4	4	5	50
肃宗	76	27	27	19	5	4	6	2	166
景宗	2	3	3						8
英祖	6	4	1	1	1	2	1	2	18
正祖		2							2
纯祖以后				1					1
不详	5	1		1					7
小计	173	77	60	41	22	17	18	13	417

三、日本

最早在日本出现"书院"这个名词是在室町时代（1338—1573）末期,即中国的明朝初年。当时在日本它专指一种建筑样式,又叫作"书院造",最初是作为武士的住宅设计的,会客、谈话、置书的地方都叫"书院"。日本考据学家塚田大峰指出:"我方诸侯大夫会宾客之堂,通称书院,斯不当之称也欤。书院,修书之所也。"①到江户时代,随着朱子学、阳明学的传入,中国"书院"的概念才在学者中流传。德川幕府第三代将军家光时代末（1640年左右）,有人开始把

① 刘琪.中国书院对日本江户时代教育的影响［D］.湖南：中国书院第四辑,2002：297.

私塾称作书院，于是作为学校或出版机构的书院出现了。

　　17世纪初，日本进入了江户时代，由德川幕府统治全国，结束了动荡不安、内战纷乱的战国时代，一直到欧美列强侵略日本，前后大约维持了250年的和平社会。此时日本的书院开始出现并逐步发展起来，除了日本国内的平稳环境外，中国书院此阶段的发展也直接影响了日本书院的发展进程。首先明朝中期官学日渐腐败，书院重新被重视起来。正德、嘉靖年间，书院更是因为王阳明学说的盛行而迅速发展起来，从而取代了官学成为民间教育的重要形式。此时，中日交往摆脱了之前百年间的倭寇问题，民间经济文化交流频繁，中国的大量典籍输往日本。同时由于明清之际政局动荡，很多不愿在新朝做官的明朝士人儒生纷纷赴日避难，他们为日本带去了中国正统的儒家文化，此后王阳明学说在日本也流行开来，并被日本统治阶层广泛吸纳，书院这种教育形式也逐渐被日本民众所接受。见图9-3。

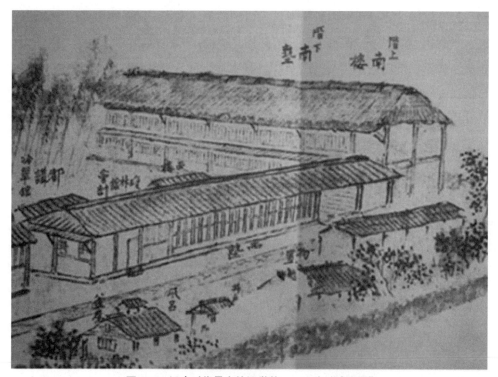

图9-3　江户时代最大的汉学塾——日本"咸宜园"

　　进入19世纪后，随着商品经济的发展，商人地位的提高，幕府体制渐渐崩坏，欧美列强的侵略使社会危机日益严重。各阶层开始意识到教育问题的重要性，并不断地寻求解决之道。在各地方的藩，建立起基层官学机构——藩校和乡校，以及以习字和算数为主的初等教育机构——寺子屋，以汉学、医学、洋学、剑道、茶道、花道等为内容的约三千种的专门教育机构，家族内的私塾和家塾也纷纷开设。值得注意的是，除了幕府直接经办的国学昌平坂学问所外，其他各类教育机构都有以书院命名的。根据明治二十三年（1890 年）编纂的《日本教育史资料》一书的统计，在此时期建立的 35 所书院中，属于藩校的有 4 所，属于乡校的有 12 所，属于私塾的有 18 所，属于寺子屋的有 1 所。

此外，日本在学习中国书院的模式上，与朝鲜有着很大的不同。中国和朝鲜书院的学习目的，主要是为了应对科举考试，然而在日本却不存在这种为了成为官僚而参加科举考试的现象。由于武士和庶民之间有着阶级差别，并且依照职业性质区分为士、农、工、商，这种特殊的世袭制——身份制度，成为抑制通过科举晋升官僚的主要渠道。以科举考试为目的的中国古代书院教学内容往往重道轻艺，教学内容局限于"四书五经"等儒家经典而不涉及自然科学，不但于国计民生无所裨益，反而增加了社会的负担。日本书院虽然没有科举的要求，教学内容也以儒家经典为主，多聘任政府官学的老师教授，教材主要包括《周易》《尚书》《周礼》《仪礼》《毛诗》《礼记》和《春秋左氏传》。除此之外，还有《孝经》和《论语》等。日本书院一般以学习汉学为主，同时，增加了一些有利于日本文化发展或者国计民生的新内容。如中江藤树创办的滕树书院，不但讲授四书五经等儒家经典，同时也讲授医学。18 世纪上半叶创办的大阪怀德书院在讲授四书五经等儒家经典同时，也提倡生徒学习日本哲学、文学、历史学等著作。进入 19 世纪后，一些书院的学习内容又扩大到了和学、算学、兵学等实用之学。与此同时，在教学目的上，由于不存在科举入仕的问题，从而使生徒在学习期间专心实学，在走入社会后或继续从事学术，或从事医农工商，变知识为生产力，推动了社会的发展进步。

值得特别注意的是，日本在甲午战争后以殖民统治和文化侵略为目的，利用中国人民对书院这一传统教育机构的情感，在中国的本土也创办了大量的书院。在割占台湾后，日本侵略者关停了台湾原有的数十所书院，同时强制推行日语教学，利用福建和台湾民众的血缘关系，对在福建的台湾籍民众进行所谓的籍民教育，先后在厦门创建了东亚书院、旭瀛书院、瀛夏书院。日俄战争后，日本关东军占领了大连地区，原建于乾隆三十八年（1773 年）的金州南金书院被日本政府改建为关东公立学堂金南书院，直至日本投降才停止办学。日本在中国最臭名昭著的书院——东亚同文会主导的一系列书院，日本东亚同文会成立于 1898 年，1899 年即在广州创办了广州东亚同文书院，此外在其他各地支部也设置了同文书院，书院由日本人主持院务，所招学生以中国人为主或略通中文的在华日本人，教学内容以儒家传统经典为主，兼授社会学、教育学、商业、法律等学科。1900 年创办了南京同文书院，次年为了躲避义和团战火，迁至上海改名为上海东亚同文书院。见图 9-4。上海东亚同文书院以研究中国国情为目的，学生从日本各府县招考，享受公费待遇，主要教授汉语及中国历史、地理、政治等课程，在日本青年中享有很高的声誉，教学的同时每年组织学生对中国全境尤其是重点地区进行实地调查，从 1901 年开始到 1945 年的 40 余年间，每届学生都会用 3 至 6 个月的时间到中国各地调查，遍及除西藏外的全部省区，调查内容包括了地理、工业、商业、人口、民俗等各方面，同时编写了信息量巨大的调查报告，为日本的侵华战争做了大量的情报支持工作。

图 9-4　上海东亚同文书院旧照

四、东南亚

华人移居境外的历史很长，而最早移居的地区就是和中国山水相连的东南亚地区，据可靠记载和考古材料可以证明华人在唐宋时期已经逐步向东南亚地区进行移民活动了。但是东南亚地区的华人书院直到清代才开始出现，大多是当地华人华侨自发兴办，最早的要数创建于 1690 年的印度尼西亚明诚书院，其后华人又在新加坡创建了萃英书院，在马来西亚创建了陈氏书院等等。19 世纪初，华文教育的书院大量出现，当时的东南亚书院教育无论在形式上还是内容上，都是中国传统教育在境外的翻版，教授内容亦是儒家经典的四书五经，由于没有科举考试的束缚，其办学目的仅是给华侨子弟传授文化，教之以礼规伦理。

当然，对祖国的深厚情感，也是东南亚华侨举办书院的一大动力。虽然漂泊万里，归期无定，但他们深深依恋着故乡的山山水水。因此，他们期望自己的子女儿孙永不忘记祖宗的语言文字和风俗习惯。同时，潜藏在内心深处的文化优越感也使他们强烈地排斥当地社会，不愿也不想融入当地主流。所以，他们组织自己的社团，创办自己的书院，尽可能地把自己的活动保留在华人的范围之内。

下面就以几国较具代表性的书院情况以窥东南亚书院情况之貌。

1. 新加坡

华人移居新加坡的历史很久，1819 年英国殖民者占领新加坡并宣布其为自由港，并鼓励华侨入境，从而华侨人数激增，其政治经济活动逐渐活跃，从而对华文教育的渴望和需求也旺盛起来。19 世纪中叶以后，新加坡各地华侨纷纷开办私塾义学，其中以 1854 年著名侨领陈金声创办的萃英书院最为典型，它开新加坡华文教育之先声，影响深远。

陈金声，祖籍福建永春，1805 年生于马来西亚的马六甲。新加坡开港不久后他便开办金声公司，在新加坡从事商务活动。由于经营有方，公司业务逐步扩展，陈金声遂成为新加坡华侨的领袖人物。陈金声虽然出生在外邦，但从小接受严格而系统的家学教育，深受祖国传统文化的影响，更热心和重视华侨子弟的教育与培养。早在 1849 年，他就在星洲福建华人宗乡会馆天福宫之右捐建崇文阁，招收华裔子弟，延请主讲，传授儒家经典。因为经费充足，主讲者亦多为名士，从而问学者众。陈金声遂于 1854 年捐资另建书院，以期萃集人才，广罗精英，故名为"萃英书院"。书院创建后，制定《义学规条略》，确定了书院的义学性质及办学方针以及择师和招生的条件及办法等。教学内容为《孝经》、四书五经、珠算、格致之学等，以及洒扫应对进退为主的儒家礼仪。教学内容和中国大陆书院是基本一致的，没有脱离中国古代传统教育的轨道，而只是将它带到了异国他乡。至于珠算课立为必修课，也反映了以经商为主的华侨教育特色。

继陈金声的萃英书院之后，新加坡的华文教育得到了较快的发展，尤其是清政府首任驻新加坡领事左秉隆到任之后，竭力畅兴华人教育，乐英书室、培兰书室、广肇义学等相继建立，再加上家塾义学，一时华文学校林立，华语诵读之声相闻于野。相较之下萃英书院的名声更大，居各校之首，成为华文教育的典型代表，并与英国殖民者所办的莱佛士学院、当地马来土邦王公贵族所办的江沙马来学院，同称 19 世纪后期新加坡三大著名院校，为新加坡多元文化建设做出了贡献。20 世纪初年，随着国内教育改革及当地以南洋华侨中学为代表的新式华文学校的兴起与发展，萃英书院等当地华人书院才日渐衰微。

2. 印度尼西亚

印尼位于东南亚的最南端，是富饶美丽的"千岛之国"，其地理位置和自然条件使之成为中国海上贸易和境外移民最早的国家之一，在 17 世纪荷兰等西方殖民者大规模入侵印尼之前，华人已大量移居印尼，初步形成了印尼的华人社会。这一时期来印尼的华人多是通商贸易的闽粤两省商人和手工业者（大多为闽南人），主要聚居在爪哇岛东部、西部及北岸沿海一带和苏门答腊东南部，加里曼丹西部和南部的各通商贸易港口城镇。华人在爪哇沿海和内地经济中已经有很重要的地位和作用。随着华人的大批移民印尼，也把中国的文化教育带到印尼，中国的儒学也开始了在印尼群岛"落地生根"的过程。印尼历史上进行华文教育的私塾、义学、书院，以及宗祠和一部分庙堂，都是传承儒学和中华民族风俗的机构。

富裕的华人起初设立家塾在家族内部进行华文教育，"稍能识字明理之店主或富户，于经营工商之余，召集三五子弟，在家、在店内，教以习字珠算，兼及增广幼学、千字文、百家姓"①随着华人增多，开始设立私塾。这一时期出现了很多颇具知名度的私塾先生，他们不再局限于受雇于人，而开始自己建立专供华人子女读书的义学和书院。最早的义学是 1690 年由巴达维亚由甲必丹郭郡观倡议，在华人的医院兼救济院中设立的"明诚书院"，学生主要为当地的贫困华人子弟和残障幼儿，经费均为当地华人商会承担。之后，各地也纷纷效仿分别在 1775 年和 1787 年，设立了"南江书院"和"明德书院"，也均为义塾性质。

这些私塾、义学、书院用闽南语授课，教学的内容即是三字经、千字文以及儒家经典四书五经，还有华人重视的写字与珠算等。教学方法、仪规也都与中国国内相同。学生入学要向孔子像或牌位行礼。南江书院"崇祀紫阳（朱夫子）圣像"，"延师入内，教授贫穷圣徒，岁社二丁祭祀"②在 19 世纪最后的 25 年里，上述传统的华文学堂明显增加。到 1899 年，在爪哇（与马都拉岛）已经有 217 间学堂和 4452 名学生；外岛的学堂有 152 间，学生 2170 名，当时印尼华人的文化教育已具一定规模。华人社会的中坚力量视儒学为宗教，以维护儒学传统为己任，由于当时华人文化教育与儒学教育的一体性，儒家思想藉华人文化教育在印尼得以承传。

1901 年，巴达维亚中华会馆中华学校的创办，是印尼近代华文学校的开端。当时，一些老华侨认为中华学校不符合中国的教育传统，荷印殖民政府也不支持，引发了一场持久的关于传统义学与现代学校之争。通过举办 1902 年的学生会考，显示出现代学校的优越性，书院及义塾随即逐步被现代华文学校所替代。

第三节　世界其他地区书院

一、美国

随着华人的足迹，书院不仅在汉文化辐射的亚洲地区出现，还在大洋彼岸的

---

① 华侨志编纂委员会. 印尼华侨志 [M]. 台北：华侨志编纂委员会，1961.

②（荷兰）包乐史，吴凤斌 .18 世纪末巴达维亚唐人社会 [M]. 厦门：厦门大学出版社，2002.

美国落地生根。美国旧金山为传统的华人聚居地，同东南亚的情况一样，随着当地华侨人口的增加，华文教育的需求逐渐扩大。光绪年间，在清政府的支持下，华裔士绅公议在旧金山创建第一所华人书院，为了不忘故国，取当时的国号"大清"为名，称为"大清书院"。

大清书院管理招生制度仿照国内书院的传统，设正副教习主持教学工作，一般在国内聘请有功名的学者至旧金山就任。书院政府背景深厚，日常的经费主要由清政府进行补贴，肄业生每月另缴纳五角钱的学费以资补助。常年招生人数为50~60 名，教学内容与国内书院相同，以四书五经等儒家经典为主，未脱离传统文化的教育轨道。上课时间因华侨学生白天要到远东学校学习英文等当地课程，故规定星期一至星期五下午 4 点 30 分至 9 点为授课时间，而周六远东学校休息日时书院全天授课。由此可见，大清书院的主要任务，就是为那些侨居海外的华裔子弟补习国学，使其不忘故国。

兼习中西的生徒，多数仍像其父辈那样侨居或服务于海外，也有一些则返国归家，为中西文化交流做出了贡献。光绪三十二年（1906 年）旧金山大地震，书院院舍毁坏，华侨利用清政府的救济款在士德顿街建中华总会馆大厦，同时将书院迁至新建成的大厦，重开课程。光绪三十四年（1908 年）清政府派内阁侍读梁庆桂偕举人曹勉赴美考察，并将曹勉留在旧金山主讲大清书院，清政府此举大大推动了全美国华侨的华文教育。此后，大清书院一直兴学不断，成为美洲各地华文教育机构的典型。辛亥革命胜利后，大清书院改名为中华侨民公立学校，历经演变现名旧金山中华中学校，像国内大多数书院一样，完成了新旧学制的过渡。

二、意大利

在近代，除华人在其移民居住区域自发兴建书院外，还有外国人将书院这种形式从中国带回了本国，并在当地落地生根，为中国文化的异域传播以及当地文化的交流做出了贡献。其中，最为典型的就是意大利那不勒斯的文华书院。意大利当地人称为圣家书院或者圣家修院，又名中国书院。

文华书院创始人是意大利传教士马国贤（Matteo Ripa）。马国贤是意大利天主教布教会教士，清康熙十八年（1701年）来到澳门，次年奉诏以画家的身份进入清宫，成为宫廷画师，他以精湛的雕塑技艺迅速得到了康熙皇帝的器重。在为清宫服务之外，马国贤热心传教，并同时培养中国当地的神职人员，康熙六十一年（1722年）在北京为罗马布教会设立了第一个机关。次年，雍正皇帝登基，马国贤辞职回国，批准后随带着谷文耀等4名中国学生及老师共5名中国人西行返回意大利，1731年经罗马教皇批准，在那不勒斯建立了培养中国人的书院，直至1745年逝世为止，将最后在故土的时光都奉献于书院的建设。

书院最初专门招收中国留学生，后来兼收有志到远东传教的欧洲人、土耳其人，经费由教会负责，学生毕业后授予学位。文华书院在1868年被意大利政府没收，历经137年，前后共招收中国学生106人。据记载，同治年以前中国赴欧洲留学的共有113人，其中91人在该院肄业，可见文华书院在早期中国留学史、中西方文化交流史上的重要地位。1869年时任书院院长的湖北人郭栋臣在那不勒斯印行其所编纂的《中华进境》一书。该书内容包括《三字经》《忠经》《四书》，以及《左传》的《郑伯克段于鄢》、王羲之的《兰亭序》、陶渊明的《桃花源记》、韩愈的《原道》等9篇古文。还附有中国历代帝王国号歌、三皇歌、五帝歌等。尽管此书内容简单，其目的是为了普及中华文化，且目录为中意文对照，方便当地人了解中国典籍，是一本教习西洋人学习中文的课本。1792年，英国准备派马戛尔尼出使中国时，正是聘用了两位文华书院的中国学生作为使团的翻译，为中西方交流做出了贡献。光绪年间，岳麓书院山长王先谦作《五洲地理志略序》时，曾提到文华书院："本朝统一胡汉，地尽中区。康熙年间，负版不增，域名无界，贸迁达于殊方，重译重于庭户，敕建文华书院于今之意大利。大圣人洞瞩几先，量包无外。自上古以来，未有规模宏远若此者也。"[①]文华书院在中国海外书院史上可谓留有浓墨重彩的一笔。

---

① （清）王先谦.葵园四种·虚受堂文集［M］.长沙：岳麓书社，1986.

第四节 境外书院的自身特点

散离于中国本土的各书院，都与中国书院有着血脉的联系，首先从称呼上袭用了"书院"这一中国沿用千年的教育机构名称；再者教学内容上均是围绕中国传统的儒家思想开展的；三是教材也基本采用了儒家经典的"四书五经"及朱熹、王阳明等大儒的经典著作。但是由于各地的地理位置、社会面貌、人文状况的差异，境外书院又与中国本土书院有着很大不同，他们之间具有很大的差异。加之，书院本身具有的自由学风、融汇百家的特点，境外书院就呈现出了纷繁复杂的样貌，对他们进行考察和总结，对于当前书院如何适应时代、地区的不同需求及拓展中华优秀传统文化的境外影响力也有一定的借鉴。

清代时期尤其是雍正后期，确立全面支持书院发展的政策之后，朝廷各级政府省、州、府、县等都进入到书院建设的行列，民间力量也随之被激发出来，以更大的热情投入到了书院建设。这就是台湾书院产生并迅速发展的直接原因。在台湾建立书院，挺进远离政治中心的边疆地区，推行儒家教育，正是清朝政府加强集中统治、增强民族凝聚力的具体做法。台湾开化不久，大陆移民和本土土著混居，政府既面临着普及儒家文化甚至识字扫盲，又要满足科举应试选拔人才的双重现实需求，这就使得台湾书院的办学层次覆盖广泛，从实质为府学的省会书院，到以家族设立的普及型书院，高、中、低各类型书院皆有，以适应不同层次的文化需求。此外，由于一直以来都是西方人进入中国内陆的必经之地，光绪八年（1882 年）加拿大籍传教士马偕（George Leslie Mackay）在淡水厅（今台北市）创建了淡水理学堂大书院，书院开展医学教育、女子教育、医疗门诊等西方科学知识，成为洋人在中国开办的第一所书院。

朝鲜书院基本照搬了中国书院的体制，是儒家思想特别是朱熹学说传入并上升为社会意识形态的产物。和中国本土书院一样，朝鲜书院既是教育机构也是学术中心，培养了大批人才，使以朱子学为主的儒学在朝鲜得到了长足的发展，出现了鼎盛之势。中国书院一直以来都是作为官学的补充而存在的，在学术上有着很大的自由度和开放性，很多新的儒学思潮如程朱理学、陆王心学、乾嘉汉学都是由书院开始传布盛行开来。而在朝鲜朱熹理学传入后，很快成为指导李朝政治的哲学思想，上升为国家意志。朱熹也成为朝鲜最为受推崇的中国儒学思想家之一，据统计，在朝鲜书院奉祀中国先贤的书院中有 30 余所供奉朱熹，而供奉孔子的书院只有 10 余所。朱熹所制定的《白鹿洞书院学规》亦成为朝鲜书院普遍接受的准则，用来指导师生的教学活动。至今很多遗留的朝鲜书院仍悬挂着《白鹿洞书院学规》，而朝鲜最著名的白云洞书院就是仿照朱熹的白鹿洞书院规制所建立的。

此外，由于朝鲜本土政治的高压和家族意识的强大，其书院的祭祀功能被放大，书院的设立首先是考虑到奉祀先儒和本族先贤的功能，乃至中国的伯夷、叔齐、箕子、诸葛亮、岳飞等也均被请入书院成为祭祀的对象。与政治的紧密结合使得书院获得政府的一系列特权与优待，如院田免税、院奴免役、赐额赐书等等，这都是中国书院所不曾拥有的优势。但是，中国书院的学术开放性使得它们大多很容易接受新知，在清末改造为新式学校而成为新旧教育的接驳；由于学术的保守性和政府的深入管控，导致随着政府的全盘殖民化，朝鲜书院几乎一夜之间撤废殆尽。从文化发展历程上看，朝鲜书院无法像中国书院一样成为承先启后、接旧续新的桥梁，继续着民族文化的发展。加之日本帝国主义殖民统治，朝鲜书院的历史进程从而被打断，而目前所存续的朝鲜书院也大多只是作为保存完整的历史遗迹，真正的传统书院精神也已基本无存。

宋明时期的两大主流思想——朱子学和阳明学在近世日本受到学者的高度关注，特别是朱子学在近世日本虽然没有上升为政治意识形态，但却一度成为主流思想。朱子学在 13 世纪中叶左右就传入了日本，但主要是在禅宗僧侣及贵族之间流传，及至江户早期，朱子理学几乎与阳明心学一起，在民间学者中开始盛行。朱熹所制定的《白鹿洞书院学规》也通过韩国传播到了日本，日本庆安三年（1650年），日本京二条通本屋町刊山崎嘉的中文本《白鹿洞学规集注》，其序称："近看李退溪（滉）《自省录》，论之详矣。得是论反复之，有以知此规之所以为规者，然后集先儒之说，注逐条之下，与同志讲习之。"不过，从社会体制上看，江户时代的日本延续了"幕藩制"这一准军事政治体制，既没有中国式的科举制度模式，也没有政府主导的类似中国"国子监"的全国统一性的官学体制。所以，在当时的日本，各种儒学思想主要是作为一种外来知识在民间流传，没有上升为意识形态的政治实践体系。儒家经典也只是作为一种知识文本而受到关注，并没有作为一种制度化的规范文本来规范社会教育。在这一背景下，日本的书院不受政府的管控，没有升学考试的目的性，将自由学风发挥得淋漓尽致，有的专注于汉学研究，有的成为朱子学派、阳明学派的基地，有的还传授医学知识，有的则干脆成为单纯的出版机构。

东南亚及美国、欧洲等国的书院大多为华人华侨所建，招收的学生也基本是本社区或是本族子弟，其首要功能就是传播延续母体文化，同时在当地加以发扬和传播，至于其他的功能就基本不在考虑范围了。境外华人在异族文化的氛围中要延续自己的本土文化，要更加强调其异于当地文化的独特性，所以往往更加注重儒家原始经典的传习，教学内容大多为"四书五经"《孝经》之类，而不太注重理学、心学、汉学的流派之分和深入的义理之学。当然，这也与境外的专业人才缺乏及书籍的得之不易有着很大的关系。同时，现实生活的需要，又使得境外华人不得不适应当地的文化，获取谋生的本领，这样境外的华侨书院又成为吸收当地文化的教育培训场所，成为联系中外文化的桥梁。

千年历史的中国书院，历经唐、宋、元发展日臻完善，自明代起走出国门，传播到朝鲜、日本、印度尼西亚、新加坡、马来西亚等东亚、东南亚各国，甚至意大利、美国等地区。因中国书院的自由为学、传道济民、躬行实践、追求真理的精神，才使得其在飘零孤立的环境中，为华人撑起一座精神的家园，继而为中华文明的传播和当地文化的发展做出了贡献，成为连接中西文明的重要途径。

书院学规选录

一、白鹿洞书院

江西省九江市庐山五老峰南麓，始建于南唐升元年间（940 年）。唐贞元间，李渤、李涉兄弟隐居读书、讲学共间。渤言一白鹿自随，因称白鹿先生，白鹿洞由此得名。

白鹿洞书院揭示
朱熹　宋淳熙七年（1180 年）

父子有亲，君臣有义，夫妇有别，长幼有序，朋友有信。

右五教之目。尧、舜使契为司徒，敬敷五教，即此是也。学者学此而已，而其所以学之之序，亦有五焉，其别如左：

博学之，审问之，慎思之，明辨之，笃行之。

右为学之序。学、问、思、辨，四者所以穷理也。若夫笃行之事，则自修身以至于处事接物，亦各有要，其别如左：

言忠信，行笃敬，惩忿窒欲，迁善改过。

右修身之要。

正其义不谋其利，明其道不计其功。

右处事之要。

己所不欲，勿施于人。行有不得，反求诸己。

右接物之要。

熹窃观古昔圣贤所以教人为学之意，莫非使之讲明义理，以修其身，然后推以及人，非徒欲其务记览、为词章，以钓声名、取利禄而已也。今人之为学者，则既反是矣。然圣贤所以教人之法，具存于经。有志之士，固当熟读深思而问辨之。苟知其理之当然，而责其身以必然，则夫规矩禁防之具，岂待他人设之而后有所持循哉！近世于学有规，其待学者为已浅矣，而其为法又未必古人之意也。故今不复以施于此堂，而特取凡圣贤所以教人为学之大端，条列如右而揭之楣间。诸君其相与讲明遵守而责之于身焉，则夫思虑云为之际，其所以戒谨而恐惧者，必有严于彼者矣。其有不然，而或出于此言之所弃，则彼所谓规者，必将取之，固不得而略也。诸君其亦念之哉！

二、弘道书院

陕西省。三原县城。明弘治年间，邑人王天宇借观音寺建学道书堂讲学，从学者众。

弘道书院学规

王承裕　明弘治九年（1496 年）

一曰明德

父子有亲，君臣有义，夫妇有别，长幼有序，朋友有信。此为学之目也。

二曰学道

博学之，审问之，慎思之，明辨之，笃行之。此为学之序也。

三曰诵读

每日读经书，一般《易》《诗》《书》《春秋》《礼记》之类。四书，一般《论语》《大学》《中庸》《孟子》之类。史书，一般《通鉴纲目》《续通鉴纲目》《通鉴节要》《续通鉴节要》《史略》《史断》之类。随其资质高下，限以遍数，多读熟记，厥明升堂背诵。

四曰讲解

间日午后升堂会讲，依分定书程，前期观玩寻讨，若有疑难，且在朋辈商确会讲之际，诣师席质问，必求得夫圣贤立言之意。若穿鉴附会便不是。

五曰察理

有志性理之学者，读《性理大全》《近思录》，沉潜玩味，求自得之。若有疑难，便须质问。考试之期，于二书出古文题目，或诗，或赋，或记，或序，一篇而止，以验学力所至。

六曰学礼

有志学礼之士，先读《朱子家礼》，次读《仪礼》《周礼》诸书，身体力行，以化风俗，无事迂阔，徒取讥诮。

七曰作古文

诸生学古文者，每日读谢迭山所选《文章轨范》文字一首。学诗者，每日读杨襄城所选《唐音》诗二首。兼日书背通。每月朔请古文题二、诗题四，俟举业工夫有暇作之，辞尚体要，至月终呈稿改正。

八曰作时文

间日作时文二道，或经义，或四书义，或论，或策，或表，务说理明白，遣词条畅，追彼作者。若检阅誊录，取一时之便，是自画也。

九曰博观

五经各治一经，余四经亦当次第而观。更有功夫，取《贞观政要》《唐鉴》《大学衍义》诸书而涉猎之。遇考试，于上项书、杂史书出策论题，以观用心。

十曰明治

《记》曰：儒有夙夜强学以待问。然则达之所施，即穷之所学，诸子所以讲明而习行之者，又岂可以执一乎？有兵戎之政，宜观《武经七书》《武经总类》。有刑名之政，宜观《大明律》《刑统赋》。有救荒之政，宜观《救荒活民》《荒政备考》。有治水之政，宜观《河防通议》《泾渠图说》《吴中水利》诸书。稽诸古而有据，行于今而允宜，毋立一时之虚名，期为不器之佳士。每遇考试，出一短策，以审其志。

十一曰考德

凡立志高古，持身端谨，居家孝友，接人谦恭，处乡邻和睦，有一者取一，有二者取二，载之考德簿，以示劝。

十二曰改过

诸生平日若有过差，痛加改削。凡为同门，尤宜箴规。己有过而不改，人有过而不规，皆非也。

十三曰作字

有志学书者，每日临欧、虞、颜、柳帖百字。

十四曰游艺

《传》曰：游于艺。圣人教人且从事于斯，诸子进德修业之暇，或鼓琴，或习射，求造精妙。每月朔，鼓琴者，援琴升堂，各鼓一操。每月望，习射者会集，备行乡射礼。非时不可泛弄。

十五曰会食

诸生在书院藏修，欲早晚放食，心勤者或苦道路之远，志怠者或为事物所扰，不能如期而至，非专心致志之道。今不论远近、贫富，皆不放食，但数人共一爨，其所用米面醯酱之类，遇归宁携入书院，安顿所居斋舍，务勾五日之用，宜甘淡□，无事丰美。非故为是不顺人情之约，盖所望于诸子者多矣。

十六曰夜课

诸生就书院宿歇者，夜至二鼓尽方寝，晨于五鼓初即兴。师氏或早或晚至书院。其用功者，饮茶一盏，以助精神，其不用功者，院丁扶出书舍，跪于阶下，俟师氏回始起。

十七曰考试

每月初二日、十六日考试。所作文字，词理俱到者作一等，词理顺通者作二等，初学可进者作三等。下三等者加以夏楚。

十八曰遵守

书院之建，实出义举，凡堂寝门庑，户牖墙垣，井灶器皿，花木竹石，遇有缺坏损伤，即白师氏会计修理，以图永久，余非所望也。

十九曰归宁

诸生在书院宿歇，不可频出，历五日放归宁一次。前期日晡放，厥明赴书院。有家贫亲老不可摘离者，不苦拘也。

二十曰给假

凡有冠婚丧祭之事，具假帖同家人禀请，俟允然后行，毋得愆期。

> 大明弘治九年长至日立。

三、龙岗书院

贵州省，龙场（今贵阳修文县）。明正德三年（1508 年），王守仁于此任驿丞时建，位于龙岗山东洞。

教条示龙场诸生

（王守仁　明正德年）

诸生相从于此甚盛，恐无能为助也，以四事相规，聊以答诸生之意：一曰立志，二曰劝学，三曰改过，四曰责善。其慎听毋忽！

立志

志不立，天下无可成之事。虽百工技艺，未有不本于志者。今学者旷废隳惰，玩岁愒时，而百无所成，皆由于志未立耳。故立志而圣，则圣矣；立志而贤，则贤矣。志不立，如无舵之舟，无衔之马，漂荡奔逸，终亦何所底乎？昔人有言："使为善而父母怒之，兄弟怨之，宗族乡党贱恶之，如此而不为善可也；为善则父母爱之，兄弟悦之，宗族乡党敬信之，何苦而不为善为君子？使为恶而父母爱之，兄弟悦之，宗族乡党敬信之，如此而为恶可也；为恶则父母怒之，兄弟恶之，宗族乡党贱恶之，何苦而必为恶为小人？"诸生念此，亦可以知所立志矣。

劝学

已立志为君子，自当从事于学。凡学之不勤，必其志之尚未笃也。从吾游者，不以聪慧警捷为高，而以勤确谦抑为上。诸生试观侪辈之中，苟有虚而为盈，无而为有，讳己之不能，忌人之有善，自矜自是，大言欺人者，使其人资禀虽甚超迈，侪辈之中，有弗疾恶之者乎？有弗鄙贱之者乎？彼固将以欺人，人果遂为所欺，有弗窃笑之者乎？苟有谦默自持，无能自处，笃志力行，勤学好问，称人之善而咎己之失，从人之长而明己之短，忠信乐易，表里一致者，使其人资禀虽甚鲁钝，侪辈之中，有弗称慕之者乎？彼固以无能自处而不求上人，人果遂以彼为无能，有弗敬尚之者乎？诸生观此，亦可以知所从事于学矣。

改过

夫过者，自大贤所不免，然不害其卒为大贤者，为其能改也。故不贵于无过，而贵于能改过。诸生自思平日亦有缺于廉耻忠信之行者乎？亦有薄于孝友之道，陷于狡诈偷刻之习者乎？诸生殆不至于此不幸或有之，皆其不知而误蹈，素无师友之讲习规饬也。诸生试内省，万一有近于是者，固亦不可以不痛自悔咎。然亦不当以此自歉，遂馁于改过从善之心，但能一旦脱然洗涤旧染，虽昔为盗寇，今日不害为君子矣。若曰吾昔已如此，今虽改过而从善，人将不信我，且无赎于前过，反怀羞涩凝沮，而甘心于污浊终焉，则吾亦绝望尔矣。

责善

责善，朋友之道，然须忠告而善道之。悉其忠爱，致其婉曲，使彼闻之而可从，绎之而可改，有所感而无所怒，乃为善耳。若先暴白其过恶，痛毁极诋，使无所容，彼将发其愧耻愤恨之心，虽欲降以相从而势有所不能，是激之而使为恶矣。故凡讦人之短，攻发人之阴私以沽直者，皆不可以言责善。虽然，我以是而施于人不可也，人以是而加诸我，凡攻我之失者，皆我师也，安可以不乐受而心感之乎？某于道未有所得，其学鲁莽耳，谬为诸生相从于此，每终夜以思，恶且未免，况于过乎？人谓事师无犯无隐，而遂谓师无可谏，非也。谏师之道，直不至于犯，而婉不至于隐耳。使吾而是也，因得以明其是；吾而非也，因得以去其非。盖教学相长也。诸生责善，当自吾始。

教约

每日清晨，诸生参揖毕，教读以次，遍询诸生：在家所以爱亲敬长之心，得无懈忽，未能真切否？温清定省之仪，得无亏缺，未能实饬否？往来街衢，步趋礼节，得无放荡，未能谨伤否？一应言行心术，得无欺妄非僻，未能忠信笃敬否？诸童子务要各以实对，有则改之，无则加勉。教读复随时就事曲加诲谕开发，然后各退就席肆业。

凡歌诗，须要整容定气，清朗其声音，均审其节调，毋躁而急，毋荡而嚣，毋馁而慑，久则精神宣畅，心气和平矣。每学量童生多寡，分为四班，每日轮一班歌诗，其余皆就席，敛容肃听。每五日则总四班递歌于木学，每朔望集各学会歌于书院。

凡习礼，须要澄心肃虑，审其仪节，度其容止，毋忽而惰，毋沮而作，毋径而野，从容而不失之迂缓，修谨而不失之拘局，久则礼貌习熟，德行坚定矣。童生班次皆如歌诗，每间一日则轮班习礼，其余皆就席，敛容肃观。习礼之日一免其课仿，每十日则总四班递习于本学，每朔望则集各学会习于书院。

凡授书不在徒多，但贵精熟。量其资禀，能二百字者止，可授以一百字，常使精神力量有余，则无厌苦之患，而有自得之美。讽诵之际，务令专心一志，口诵心惟，字字句句轴绎反复，抑扬其音节，宽虚其心意，久则义礼浃洽，聪明日开矣。

每日工夫先考德，次背书通书，次习礼，或作课仿，次复通书讲书，次歌诗。凡习礼、歌诗之类，皆所以常存童子之心，使其乐习不倦而无暇及于邪僻。教者知此，则知所施矣。虽然，此其大略也，神而明之，则存乎其人。

四、瀛山书院

浙江省，在遂安县（今并入淳安）。北宋熙宁间，中宣大夫邑人彦安建书堂于县西北之银峰之麓。

瀛山书院学规

（方世敏　明天启年间）

曰格致

格致者，圣经八条之先务，古今理学之关键也。秦火之余，书缺有间，晦翁朱子取程子之意，与虚舟詹先生商榷于瀛山而补辑之。前此创复书院诸先达，特颜其堂曰"格致"，所以志贤迹示学的也。今读朱子之《传》曰："天下之物莫不有理，则此备物之我，是亦一物，面非遗内也"，曰"人心之灵，莫不有知，则此所致之知，虽寄之物，而非徇外也"。内外兼该，格致之义真至微至妙者也。与学者格一物即致一知，日积月累，豁然贯通，按之心，有全体，证之世，有大用，方是物格，方是知至。若徇外遗内，记丑而博，无益于身世，则直子程子所呵，玩物非格物矣。愿与同志戒之。

曰立志

天下事未有无志而能成者，盖一时之趋向，终身之事业系焉。今士所读者六经四子之书，所志者非六经四子之业，认富贵为功名，自童子时而心之所至惟是物耳。尝观汉唐以来，博洽载籍、掇巍科位公卿者，何可胜数；而声施后世、袭其香、仪其羽者，又不尽高科大官辈，此可惕然省矣。朱伯贤曰："君子莫先于立志。志仁义者其德著，志功名者其业崇，志富贵者其势广，视夫所志何如耳。"周子曰："志伊尹之所志，学颜子之所学，过则圣，及则贤，不及则亦不失于令名。"而子朱子亦以为书不记，熟读可记；理不明，精思可明。惟有志不立，直是无著力处。旨哉斯言！吾侪能无仰止之思乎？

曰慎修

修身之学，圣门言之详矣，总之不出慎厥身修一语。盖人一涉世，即有富贵贫贱异其境，荣辱得失交其前，是非毁誉惕其心，爱恶忧喜生乎内，酬酢应感挠乎外，千态万状不可胜穷。若或不慎，则中无主，而匪僻人之，即素号贤者，心且不觉，引之而去矣。一失其身，虽痛自悔责，何益耶？昔黄勉斋称朱子有云，其为学也穷理以致其知，反躬以践其实。至于养深积厚，精持者纯熟，严厚者和平，犹慊然有不足之意。盖惟其终身凛此慎修也，故虽身受群小之诋毁，而其行益彰，乃若不慎不修，则鸡鸣为蹠徒，语默类穿窬，牿亡归禽兽几希已。去虚名何为？虽或誉之，可愧弥甚耳。《易》曰："吉凶悔吝生乎动。"吉一而已，动可不慎乎？故慎修者，于善之萌焉，若食之充饱也；若抱赤子而履春冰，惟恐其或陷也；若捧万金之璧，临千仞之崖，惟恐其或坠也。于不善之萌焉，若鸩毒之投羹，虎蛇之横集，盗贼之侵凌，欲有以避之而胜之也。古君子凝至道而成盛德，罔不由斯。此朱子所为穷理致知、反躬实践，而必要之居敬以立其本也。敬与吾孝勉之。

曰戒傲

夫傲，凶德也，不可长也。《书》曰，无若丹朱傲。丹朱非有大过极恶。见于经传只一傲字，遂目为不肖。今之为士者，得无傲心与？尝读《卧碑》有云：初知行文，眇视师长。正切中今时之病，果尔，尚安望其沉潜逊志，造于上达之域哉？阙党之将命滕，更之不答，皆所以潜消其傲心，欲其反而之道耳。盖傲之反则为谦，谦则卑以自牧，而循循之礼立矣；傲之反则为虚，虚则乐善能受，而休休之量廓矣；傲之反则为敬，敬则无众募、无小大、无敢慢，而瑟僩之德昭矣；傲之反则为和，和则雍容揖逊，与物无竞，而达道之用广矣；傲之反则为恕，恕则己所不欲，勿施于人，而终身之行无适而不当矣。夫傲之病如彼，不傲之善如此，人胡不重以为戒耶！故君子之裼躬也，忿词不出于口，厉气不形于色，惰慢之容不设于身体，敢曰受益，期免损耳。

曰安贫

贫者，士之常，不足异也。世之恶贫贱者，曰"逆境"，曰"处变"。夫境而逆之，变而处之，未有不动其中者也。惟能守之以顺，不失其常，斯处一而化齐矣。此孔子所为贤颜子也。明道谓寻孔、颜乐处，其言引而不发，而孔子遥对叶公则曰："发愤忘食，乐以忘忧。"夫知其所以忘者，而所乐者可知已。后儒倡学者，治生为急之说，于是人人借为口实，营营逐逐，猥曰："吾以治吾生耳。"嗟夫！孔、颜岂不能治生者？然食无求饱，居无求安，箪瓢疏水，皆有以自乐。今乃借治生之语，行逐利之私，其为患贫孰甚焉？夫士顾自立何如耳！即不能希孔、颜之乐，第能确然自守，耻事干谒，则人有不爱之重之者乎？试读《齐景公有马千驷》章，设有以景公称人者，虽匹夫亦耻其不足为；有以夷齐称人者，虽侯王亦若欣慕焉。夫匹夫之于千乘，侯王之视饿夫，相去甚远矣。然匹夫羞比于千乘，而侯王愿附于饿夫，何重何轻，是必有辨之者。

曰会文

《易》称"丽泽"，语重辅仁。离群素居，虽贤哲不免过举焉。此会友所以为进修之急务也。院中先辈仪型，重在德厚行优，不拘拘以文章规进取。今国家设科以制艺取士，虽使圣 chu 贤复生，不能舍此为大行之兆。士既幼学，必须壮行，胡可师心自用，而不课文之为兢兢乎？请于诸友中，择一学行老成者为会长，每月三会，每会书一、经一，诗、论、表、判、策各一，务要篇数俱完。先呈会长批阅，次与同会互正，须各倾倒知见，以相裨益，不得阿附雷同，亦不得长傲哗善，如此则道日以明，德日以进，他年黼黻皇猷之具，裕诸此矣。

曰尊注

圣为天口，贤为圣译。学者欲明经书而不遵传注，是犹楚欲齐语而不以齐人为傅，虽窃意齐语，间有一二暗相合者，然求其纯乎齐也，不可得矣。迩来习尚诡异，专以背注为高，剽葱岭竺乾之绪，作蛇神牛鬼之妖，是朱者笑，非朱者投，蹒跚道周，妄夸绝顶，何其骤也。夫朱子潜心问学，折衷群言，孳孳于后进之梯航，亦稍苦焉。学者胡不为忠臣，而甘为逆子耶？乃好异者动以超脱神奇为解。讵知学士家厚养伟抱，即遵传注，自抒所得，宁遂不超脱、不神奇乎？且主司所取在文工拙，不在说异同，胡不帖心抑志，以定一尊乎？自今经书义，愿以朱子传注为鹄，凡坊间所鬻佛书异说，及悠谬不经之谈，屏不寓目可也。

曰通务

吾辈所称博古者，岂必羡更生之竹牒，把子云之弱翰乎？谓将有以用之也。时务所急，如宗室日衍，卫所日耗，征榷日烦；边政所关，如九边之要害，北鄙之互市，沿海之倭奴；漕运所经，如海运胶河；水田太仓所资，如盐法、开纳；田赋所稽，如黄册实征；兵食所需，如屯田牧马，民兵招募；土著风俗所系，如禁侈靡、抑末作、驱游食；闾阎所重，如行乡约，编保甲。诸若此类，虽未能一旦周知，须考之往古，参之时制，稽之奏议，访之先达，辨之师友，酌之胸臆。庶临事确有硕画，如有用我，执此以往，不学无术之讥或可免耳。试观朱子，天文地理，律历兵机，无不考究精详。吾辈抑止此山，可曰自有肉食者谋，而置天下于度外乎！

按：宗室、卫所、九边、北鄙诸目，均系前明政要，在当日为通今，而在今日则为考古。学者酌古斟今，开卷有益，远而汉、唐、宋、元有关经济者，皆宜博稽而广览之，况属胜国之章程耶：此学规所由存通务一条之意与？

曰知命

命也者，夫子所罕言，然于伯寮之诉、卫卿之得，莫不曰命。《论语》卒章曰："不知命无以为君子。"则知命要矣。后世有著知命之论者，其言宏博恣肆，未免怨尤,不可谓之知命也。《易》曰:"乐天知命故不忧。"夫惟乐而不忧也,然后可以言知命。不然有一毫怨天心,便解了多少学问;有一毫尤人心,便添了多少坎壈。且无论大得失,即以考试一事言之,亦不胜憧憧之扰矣。高者蒙忌,下者生怨,取者扬扬,去者戚戚。甚有谓"文章自古无凭据,但愿朱衣一点头"者,此尤失意无聊之语,而世乃相传为实录。嗟夫,朱衣岂造物者,而文章安得无凭据耶?以文章为无据,是直信伯寮之诉为命,而不知道之行废固有命也。徒知卫卿之得有命,而不知进礼退义之为受命也,岂足以语知命哉?孔子曰:"射有似乎君子,失诸正鹄,反求诸其身。"盖惟反己而后能立命,惟立命而后能知命。噫,此可为知者道也。

曰惜阴

《易》曰:"君子进德修业,欲及时也。"及时者,日有就,月有将,穷年矻矻。岂故为是劳苦哉?彼固有所乐之也。盖天下至尊者莫如德,至贵者莫如道,道德之乐,即终身求之且惟日不足,况可自暇逸乎?大禹惜寸阴,文王日昃不遑,周公夜以继日。彼圣人且如此,下圣人者又何可玩日愒月,虚度岁华已耶?夫天地之性人为贵,幸而为人矣,又幸而为士人矣,诚使少者能及时而志道,壮者恐迟暮之无闻,朝乾夕惕,自与圣贤同归。若悠悠荡荡,日复一日,既不能道德,又不能文章,毋惑其与草木同腐也。故朱子曰:"勿谓今日不学而有来日,勿谓今年不学而有来年,日月逝矣,岁不我延。呜呼老矣,是谁之愆?"斯固劝学之格语,实为惜阴者痛著一鞭也。敬与吾辈终守之。

五、嵩阳书院

河南省,登封市。北魏孝文帝太和八年(484年),创建嵩阳寺,为佛教活动场所,僧侣多达数百人。隋唐时改为嵩阳观,为道教活动场所。

嵩阳书院为学六则

耿介 清康熙十八年(1679年)

曰立志

人生得天地之气以为体,得天地之理以为性,此身参三才而中处,干系至大。

若能激励奋发，用为学功夫，则尽性至命，希圣希贤，皆自己分内事。若只因循怠惰，随俗浮沉，不克尽得天之所以与我，便于天地生我之意有亏。日月逾迈，而有泯然与草木同腐之叹，亦可悲已。故学者先须立志，如孟子以舜为法于天下，可传于后世，我犹未免为邪人、为夏豪杰之士，虽无文王犹兴，然后为能立志。

曰存养

志者，心之所之也。既立得志，须操存涵养，此心不令放失。使常自惺惺明明，作我主宰。盖此心原自包涵万理，原自光明广大，但不整顿提撕，则易为私欲所蔽。程子曰：学者须是将敬以直内涵养此心。朱子曰：人之心性，敬则常存，不敬则不存。此须用持敬功夫。

曰穷理

既存养得此心湛然在此，须用学问思辨功夫，穷尽天下至善之理。盖理虽是我性分中原有的，又要即事即物，考古验今，体会推寻，内外参合，使天理、人欲、义利、公私辨别分明，不使有毫厘之差，以为应事接物之准。《大学》致知，《中庸》明善、择善，即是此意。

曰力行

立志亦有行，存养亦有行，日用间随处皆行，非必穷理了然后行。但不知而行，只是冥行，未必举动尽合天，则既已穷尽事物之理，尤加敦笃实践。孔子曰：文莫吾犹人也，躬行君子，则吾未之有得。孟子曰：万物皆备于我矣。反身而诚，乐莫大焉。非知之难，行之难也。

曰虚心

立志有强懦，存养有睿疏，穷理有问难，力行有得失，所贵有亲师取友之功。然满招损，谦受益，古人有戒。谢上蔡数年去一矜字，是真见得为学病痛处。必须有若无、实若虚，乐取于人以为善，则学问之益，日异而月不同也。

曰有恒

为学功夫，最怕间断。《易》曰：天行健，君子以自强不息。故孔子学而不厌，颜子欲罢不能，此正圣贤法天之学。然亦不得欲速助长，只是必有事焉，而勿正勿忘。即此立志、存养、穷理、力行、虚心数者，自少而壮，自壮而老，造次于是，颠沛于是，彻始彻终，无一息之间，悠悠渐渐，斯患不到圣贤地位也。

六、岳麓书院

湖南省，长沙岳麓山下。其前身为唐末五代时期僧人智璇为儒生所建读书之所。宋开宝九年（976 年），潭州知州朱洞因袭拓建智璇所筑，正式创建岳麓书院，有讲堂五间，斋序五十二间。

岳麓书院学规
清康熙五十六年（1717 年）

炤以菲材，谬承大中丞、大方伯及各宪知遇，付以丽泽讲习之任。自惟浅陋，无以应友朋之求。谨参先民之成法，述一己之陋见，共相商榷而持行之。其目具列于左方。

古语有之，其为人而多暇日者，必庸人也。况既以读书为业，则当惟日不足，以竞分寸之阴，岂可作无益以害有益乎！或有名为读书，糜廪粟而耽棋牌者，即不敢留。至于剧钱群饮，猜令挥拳，牵引朋淫，暗工刀笔，亦皆禁止。盖鄙性拘方，不能曲徇也。

《诗》有之："朋友攸摄，摄以威仪。"无有不敬而能和者，倘或同群之中，谑浪笑傲，即隙之所由生也。甚至拍肩执袂，以为投契，一言不合，怒气相加，岂复望其共相切磋，各长其仪乎！有蹈此弊者，亦不敢留。君子爱人以德，幸垂谅焉。

每日于讲堂讲经书一通。夫既对圣贤之言，则不敢亵慢，务宜各顶冠束带，端坐辨难。有不明处，反覆推详。或炤所不晓者，即烦札记，以待四方高明者共相质证，不可蓄疑于胸中也。

每月各作三会。学内者，书二篇，经一篇，有余力作性理论一篇。学外者，书二篇，有余力作小学论一篇。炤止凭臆见丹黄，倘或未当，即携原卷相商，以求至是，更不等第其高下。伊川先生云"学校礼仪相先之地，而月使之争，殊非教养之道"，至哉言乎！

《四书》为六经之精华，乃读书之本务。宜将朱子《集注》逐字玩味，然后参之以《或问》，证之以《语类》，有甚不能通者，乃看各家之讲书可也。次则性理为宗，其《太极》《通书》《西铭》，已有成说矣。至于《正蒙》，尤多奥僻，尝不揣愚陋，为之集解，然未敢出以示人也，诸君倘有疑处，即与之以相商焉。其程朱语录、文集，自为诵习可也。

圣门立教，务在身通六籍，所传六经是也。今之举业，各有专经，固难兼习，然亦当博治而旁通之，不可画地自限。乃若于六经之内，摘其堂皇冠冕之语，汰其规切忌讳之句，自矜通儒，皆蒙师世俗之见，不可仍也。试观《御纂周易折衷》，何字何句不细心玩索？以天纵圣学，而且如此，况吾辈乎？至于《周礼》，虽不列于学官，然实周公致太平之成法，亦尝集先儒之说为传，有相质证者，不敢隐焉。

学者欲通世务，必须看史。然史书汗牛充栋，不可遍观，但以《纲目》为断。至于作文，当规仿古文，宜取贾、韩、欧、曾数家文字熟读，自得其用。制艺以归、唐大家为宗，虽大士之奇离，陶庵之雄浑，皆苍头技击之师，非龙虎鸟蛇之阵也。论诗专以少陵为则，而后可及于诸家，先律体后古风，先五言后七言，庶可循次渐进于风雅之林矣。

《书》言："知之非艰，行之惟艰。"猩猩能言，不离走兽；鹦鹉能言，不离飞禽。为士而徒以诗文自负，何以自别于凡民乎？故学问思辩，必以力行为归也。力行之事多端，惟《白鹿洞揭示》及《蓝田吕氏乡约》得其要领，他日当纂集而剖厥之，以公同好云。

七、锦江书院

四川省，成都南门汪家拐口。清康熙四十三年（1704 年），按察使刘德芳建于文翁石室旧址。

锦江书院条约
张晋生　清乾隆二年（1737 年）

学重明伦

读书当先明伦，而人伦首推孝悌，圣人云："事亲敬，故忠可移于君；事兄悌，故顺可移于长。"凡百行万端都从此做去。士苟一行偶亏，即尔始差名教，虽学富西藏，才高班、马，亦何足取！此日用伦常所宜身体力行以为根本地。

学先正志

《礼经》辨志，《鲁论》志学，学者宜志期远大。范文正公作秀才时，便以天下为己任；二程夫子十四五岁时，锐然欲学圣人。吾人当居今稽古之日，即作超群出众之想，异日之所树立，正自难量。慎勿见小欲速，甘与流俗为伍。

学惟循序

读书而不限课程，往往进锐退速，顾此失彼，必循循然遵照朱子《白鹿洞》分年读书之法，根柢"六经"，原本诸史，阐发乎《性理大全》，沐浴于《左》《国》《史》《汉》唐宋大家之膏腴。不趋诡道，不为躐取，如周行之在望。

学须有识

识者所以驱驾古今，岂可于语言文字求之哉？夫"五经"、子史、百家之书，苟非好学深思，心知其意，虽手不释卷，终日读之，犹之未尝读也。惟神识所注，表里洞彻，总群言于一致，撮万类于笔端，乃可以言文章而不愧。

学要自得

文章有浓淡奇正，要在各自成家，无雷同剿袭而后可以抒自得之心思，发独见之议论，此古人之所以传世而行远也。余素承庭训，并两次分校豫闱，主司之所取，与本房之所荐，浓淡奇正兼收，未尝拘一定之尺度。操觚家惟各率其性之所近，奚事迎合描摩为？

学有原本

八股沿习已久，试为约略言之。明初风气始开，文近训诂，乃有直写"四书"语成篇者。至王文恪公始能自出机杼，变化离合，仿佛昌黎笔意；荆川纤徐顿挫，几入庐陵之室；昆湖深沉变化，酷似南丰；方山出入经史，陡健真过临川，四家号为文章正宗。厥后作者不一，若金正希之岸异，陈大士之雄奇，包长明之隽永，黄陶庵之精醇。我朝如熊钟陵之雄浑，韩慕庐之幽曲，陶子师之新秀，皆握要争奇，当奉为金科玉律者。

学贵厘正文体

制义为士人拜献先资，《书》曰"敷奏以言"，盖言为心声，操文衡者，每因其言以考其心，岂徒文辞云尔哉？我世宗宪皇帝特颁"清、真、雅、正"之谕，以正文体。皇上圣圣相承，善继善述，又从而申明之，谓"肤浮非有物之言，诡异非立诚之旨"，特谕学士方苞精选各名家制义批评行世，以范天下于一道同风之盛。吾人当恪遵功令，以雅正清真为准绳，逢时利器，无逾于此。

学贯穷经

圣贤精义具在"五经"。"五经"之在世，犹日月经天、江河行地，学者童而习之，莫不各有专经。方今圣天子崇尚经术，督学使者于岁科两试，将士子所习本经摘取四五行，令其默写于"四书"经艺之后，如有兼通"五经"或旁通一经、两经者，拔列前茅。人皆留心经学，是以近科操觚家类皆贯串"五经"，如人五都之市，珍贝毕陈，此经学所由盛也。锦江书院三峡英流萃集其中，各通一经者自不乏人，从来益友胜于良师，惟彼此互相剖晰，则"五经"人人皆通，父师得省训诂之劳，子弟亦乐稽求之便。

学贵兼工策、论、表、判

国家取士，二场用表、判、论，三场用策，所以观士子排偶之文，考古今通达之体也，业举者岂得以无足重轻视之？表，托始于六朝，调畅于三苏，平仄相间，宫商迭宣，于排偶内更能用虚字作起缴，则清华流丽、清脱不凡矣。论有三等：一是心性论，根极理要，以《左》《国》之腴词，发朱、程之心事；一是政事论，贵考稽政原，参酌流弊，折衷是非；一是人物论，贵博通古今，诠次贤哲，褒贬悉当。乡会试策，命题者援经引史，已自成一道策料，举子场中只要看破策眼，剀切敷陈，不得所问非所对，须宗《文献通考》、杜佑《通典》《大学行义》，以充腹笥之富。判者，即《唐·选举》所谓"身、言、书、判"是也。只要如老吏断狱，意括而言不繁。今《大清律》颁布中外，古人云"读书不读律，致君尧舜终无术"。虽学者不能全读，若于场内当出题目，亦留心检点，场中遇题出来，自然发挥合律，不致假借含糊。

学当博通诗赋

世罕全材，有精于时艺而拙于诗古文词者，有长于诗古文词而短于时艺者。今当右文之代，鸿博淹贯，正切旁求，多士际兹景运昌期，于攻苦制艺之馀，亦须求工诗赋。如《昭明文选》《文苑英华》《西堂杂俎》，陈其年《四六》《唐人试帖》《历朝应制诗选》《凤池集》，皆当搜罗涉猎，以备圣天子特达之知。

学贵精专

韩昌黎云"业精于勤荒于嬉"，董仲舒下帷三年不窥园舍，风闻四国。诸多士既入书院肄业，有志上进，自应息心静气，屏绝纷华，慎勿入市闲游，聚众多话，至于纵酒博弈，尤所深戒。

学贵谦下

《易·谦卦》六爻皆吉，故宜虚心以观理，和气以受益，则师友之相成，取之不尽，用之不穷，苟一自满假，则面前皆铜墙铁壁，不能进步矣。

学须兼擅书法

文与字相须为用者也。文章虽佳，而字画潦草不堪，难夺观者之目。书法由汉晋以迄三唐，索、卫继张、蔡后尘，虞、褚开柳、颜先路。凡擅誉于临池者，皆流芳于挥翰。书法三昧，可置为不急之务乎？

以上数条，望诸多士身体力行，成相期于古处，不竞逐于时风，毋坐荒岁月，虚縻饩廪。幸各勉旃，念兹无斁。

八、海东书院

台湾省，台南府（今台南市）。清康熙五十九年（1720年），台厦道梁文煊创建，为当时台湾规模最大的书院。

海东书院学规
刘良璧　清乾隆五年（1740年）

书院之设，原以兴贤育才。台地僻处海表，数十年来，沐我圣天子涵濡教养之恩，人文蔚起，不殊内地。今提学杨公奏请特立书院，延请师儒，专为生童肄业，俾成人有德，小子有造，所有规矩如左，愿诸生遵守勿违。

明大义

圣贤立教，不外纲常：而君臣之义，为达道之首，所以扶持宇宙为尤重。台地僻处海表，自收入版图以来，秀者习诗书，朴者勤稼穑，而读书之士，知尊君亲上，则能谨守法度，体国奉公；醇儒名臣，由此以出。虽田夫野老，有所观感兴起，海外顽梗之风，何至复萌。

端学则

程、董二先生云："凡学于此者，必严朔望之仪，谨晨昏之令。""居处必恭，步履必正，视听必端，言语必谨，容貌必庄，衣冠必整，饮食必节，出入必省；读书必专一，写字必工楷，几案必整齐，堂室必洁净；相呼必以齿，接见必有定；修业有余功，游艺有适性；使人庄以恕，而必专所听。"此《白鹿书院教条》与《鳌峰书院学规》并列，工夫最为切近。

务实学

古之大儒，明体达用，成己成物，皆由于诸生时明于内重外轻，养成深厚凝重气质，故出可以为国家效力宣猷，人亦不失为端方正直之士，家塾、党庠、术序，胥由此道也。诸生取法乎上，毋徒以帖括为上。

崇经史

六经为学问根源，士不通经，则不明理，而史以记事，历代兴衰治乱之迹，与夫贤奸忠佞，善可为法，恶可为戒者，罔不备载。学者肆力于经史，则有实用，而时文之根柢亦胥在焉。舍经史而不务，唯诵时文千百篇，不足济事焉。

正文体

自明以帖括取士，成、弘为上，隆、万次之，启、祯又次之。我朝文运昌明，名公巨篇，汗牛充栋，或兼收博采，或独宗一家，虽各随风气为转移，而理必程、朱，法则先正，不能易也。夫不仰泰山，误止岨岘之高；不穷典谟，妄夸诸子之陋。诸生取法宜正，立言勿陂。

慎交游

读书之士，敬业乐群，原以讲究诗书，切磋有益。故君子以文会友，以友辅仁。若少年聚会，不以道义相规，而以媒亵相从，德何以进，业何以修？稂莠害嘉禾，不可不察。诸生洗心涤虑，毋蹈前习。

九、道南书院

广东省,南雄市。原名大中书院,明成化十一年(1475 年),知府江璞创建。隆庆元年(1567 年),知府周思文重修,更名"宏道"。万历九年(1581 年),卖给民间。乾隆三十一年(1766 年),知府宋淇源将天峰与凌江书院合并,葺而新之,改名"道南"。

道南书院规条
宋淇源　清乾隆三十一年(1766 年)

肄业生童额设伍拾名,其余附课不拘定额,出案各分前后,有考附课案首多次者,候肄业有缺,禀请顶补,如未取肄业者,不得擅入,致生弊实。

生童每年甄别一次,开印时监院官禀请本府衙门扃试,取定送入书院。

每月朔课,本府及保、始二县轮课,周而复始。如应始兴课期,该教官札致始兴请封送目考试,其课卷亦封送始兴阅看,倘始兴无暇课试,禀请本府或致保邑课试,至每月望课归院长命题阅卷,由本府衙门出案。此外,院长自课不拘次数,亦自为出案。

奖赏笔资,生员超等首名一钱,二名八分,三名陆分。童生首名八分,余二名俱给纸笔,生童俱以三名为定,其特等中卷俱无奖赏,俟将来经费充足,再行酌增。

课期一文一诗,长夏加一经文。遇乡试之年,生员长夏改加策问一道。

肄业生童三次考列三等末者,扣除膏火,将附课屡次超等者顶补。有告假过三日外者,按日扣除膏火。

值年司事必同金举品行端方者,方许经理,不得藉首事之名妄行干预,致有侵渔弊窦。乾隆三十一年十二月,长洲宋淇源率同属吏并绅士等集议酌定。

十、广雅书院

广东省广州市城西北五里源头乡,始建于清光绪十三年(1887 年)。

广雅书院学规

张之洞　清光绪十五年（1889 年）

定居

肄业诸生，皆须住院，不住院者，不得领膏火。东省居东斋，西省居西斋，由监院派定注簿，不得东西杂居，任意搬移。

尊师

入院者皆须谒见院长，恪遵规矩，虚心请教。（贽以备礼，来院皆系寒士，贽以百钱为率。）

分校

设分校四人，经学、史学、理学、文学，分门讲授，以代院长之劳。各衙门官课，仿学海堂之例，统归四分校代阅，详加评点，分拟各门名次，仍送各衙门复核，合定名次发榜。斋课亦由四分校评阅，各拟名次，送院长复阅，合定发榜。官课斋课，分校原拟各门，次第复阅，均无妨更动。

敦行

人院诸生，先行后文，务须检点身心，激发志气，砥砺品节，率循礼法，理求心得，学求致用，力戒浮薄，归于笃厚，谦抑谨伤，尽心受教，由院长暨监院随时考核，察其行检是否修伤，分别劝惩。

专业

诸生各尽一业，以期专精，一经学（小学属焉），一史学（《通鉴》、舆地属焉），一理学（宋、元、明及国朝诸大儒文集、语录及历朝学案皆是，不仅《性理》一书），一经济（国朝掌故属焉）。凡四学各随性所近者，择而习之，各门皆令兼习词章以资著述，而便考校。子部书随人自为涉猎，毋庸专习，如才力过人，能兼及数门者听，不在考校之列。

日记

各生各立课程日记，按日注明所业于簿，通习抄录，记其起止，解说议论，有得即记，以便院长按业考勤。

习礼

春秋定期，院长率诸生致祭濂溪先生祠、岭学祠。每月朔望，均须随同院长诣两祠行礼。毕，齐集讲堂，公揖院长致敬。

考核

朔望行礼后，各携所业日记簿，呈院长听候考核询问。

听讲

人数众多，必须分班讲授，方能受益，其如何分班及讲期疏密，由院长酌定。

课期

每月官课一，斋课一，官课于初旬，斋课于中旬。东西各为一榜，每榜前七十名，皆有奖赏，以名次为等差。每年自二月至十二月，皆有课，官斋共二十二课，遇闰加课。

课题

每课即就所习经、史、理学、经济四门发题考校，各觇所业，缴卷以三日为限，毋庸考试时文。

给书

诸生每名各皆发给切要书籍数部，以资肄习。

掌书

设掌书生二人，经管收藏冠冕楼书籍，诸生领阅缴还，随时记簿，领阅藏书者，不得污损遗失，及携出院外。

人役

每斋设斋夫二名，专管洒扫院宇、启闭门户、典守器具一切杂物。

门禁

诸生每日必宜早起，院门每日限定更时扃锁，诸生不得夜出，责成监院切实稽查。

限制

院内不得容留闲人住宿，未调入院之诸生，亦不得阑入。

院规

院内禁止赌博、酗酒、吸食洋烟。

守法

院内诸生不得干预词讼、造言、诋讪、滥交比匪、恃众生事、为人作枪。

正习

院内诸生，不得恃人傲物，夸诞诡异，诋毁先儒，轻慢官师，忌嫉同学，党同伐异，以及嬉荒惰废。以上三条如有不遵，即行屏斥出院。

附课

调取咨送，有溢于定额者，到院面试，取录者准作附课候阙，不领常膏火，有额即补。

外课

未经调取咨送者，亦准应课，作为外课，别为一榜，有奖赏无膏火。

杜弊

诸生膏奖盘费，俱发银票，监院及科书不得扣减分厘。

学成

三年学成甄别，以定去留，学不进益者开除。

后 记

　　庚子年初，疫情蔓延，在这个超长的假期，与大家一样，我过着居家自我隔离生活，极少外出，很惭愧也常常心绪不宁，除了值班、读书之外，许多事都做不下去。疫情也许是考验我们在危机时刻所显示的超越于自我品质的机会，也给我们更多时间、更广维度去思考关于人类与自然、个体与社会、工具与道德、生命与死亡、生活与阅读等问题。在这个焦虑复杂混沌的时刻，人们的社会性认知又借助网络无限扩大，了解更多的事，有更广阔的参与平台，同时内心更渴望慰藉与呵护，以及鼓舞和希望，阅读就成了一剂良方。

　　毛姆说："养成阅读的习惯，就是给自己建造一个庇护所，这样可以避开生活中几乎所有的痛苦。"当然，也使我们精神更加丰盈强大，汲取力量，战胜困难。其实，我们并不孤单，在阅读中感受大千世界，上下千年的智慧光芒；在日常柴米油盐的繁复细节中体会生活情感折射出的美好；在白衣逆行的勇士身上感受生生不息的民族精神。我们还欣喜地看到，虽然闭馆，许多图书馆也发挥电子图书资源优势，开展抗击疫情网上阅读推广活动，使公共图书馆在特殊时期的阅读推广作用得到极大发挥，让书香充盈我们的生活。有时静坐家中，阳光正好，线上线下，与一本好书为伴。品味书香，精骛八极，心游万仞，思连山野，神接青云，是一件非常幸福的事情，这就是阅读的力量。古人云"图难于其易，为大于其细。天下难事，必作于易；天下大事，必作于细"。无论大小，能为民众阅读推广做些工作，对于每个人来说也是一件很快乐荣幸的事。

　　我从事书院传统文化推广工作已经多年，现在传统文化遇到很好的发展时机，新儒家学派纷纭，而我们书院推动的应该是实践的、应用的、服务的儒学，是新时代的阅读推广，在传承中华优秀传统文化的过程中贡献着我们微薄的力量。日常工作学习中，我所经历的很多感想和思考，遇到许多困惑和艰难，非常希望能与大家一起来讨论分享。

恰巧就遇到了这么一个机会——记得大约 2014 年的一个秋季，落叶缤纷，我受邀去北京参加朝华出版社的选题会。此次选题会是由王余光教授和汪涛社长召集的，与会人员记得有霍瑞娟秘书长、李东来馆长、张汉东主任还有王余光教授的学生王丽丽和王媛等。会议开得很热烈，《阅读推广人系列教材》就是在这时确定的，后来社会反响很好，一直从第一辑至今第五辑。感谢王余光教授的信任厚爱，恭逢其事，幸甚至哉！

这本书的大体框架由我拟定，参加编写的团队是由山东图书馆的业务骨干构成，他们是一批年富力强的博士、硕士，思维敏捷，学术素养高，大多是书院和阅读推广的亲历者、组织者、策划者，对书院建设和阅读推广有一定的经验、思考和感悟。前期我们对各章节内容进行了多次充分讨论，分工撰写。初稿完成后，召开了两次通稿会，各位作者介绍了自己的撰写情况，会议进行了统稿。根据大家的写作初稿，我逐章提出了修改意见，各位作者以此进行了修改。吴金敦承担了本书的组织联系工作，参加汇总统稿，最后由我统稿审定。本书共分为十个部分，既有理论阐述也有实践导向的内容。具体如下：

第一讲　中国古代书院的历史　金晓东撰写

第二讲　古代书院的建筑空间　辛镜之撰写

第三讲　书院藏书的特点与经典选择　毕晓乐撰写

第四讲　古代书院的教育　胡培培撰写

第五讲　书院礼乐教育中的经典活化　马清源撰写

第六讲　书院山长名家对文化传承的组织引领　马清源撰写

第七讲　现代书院功能与实践　王建萍、孙晓明撰写

第八讲　现代书院经典阅读推广的组织与方法　王轩撰写

第九讲　书院模式的境外流变　任蒙撰写

附录：书院学规选录　王斌辑选

本书计划系统地回顾梳理书院发展与阅读推广的关系，以及书院阅读推广的特点。立足于现代书院如何加强传承弘扬中华优秀传统文化，开展以经典为中心的阅读推广，探索适应时代，融入生活的文化传播新途径。虽然经过努力，书成于众手，囿于作者角度、识见、文风、思路等许多方面的差异，有些方面分析论

述还欠深入全面，存在不少缺憾，如现代书院的整体情况资料掌握不够，涉及面深度广度不足；新技术应用作为书院未来发展方向，未能展开分析研究；书院活动案例总结归纳提升，特色不够鲜明突出等，展读书稿，心实惴惴焉。

感谢中国图书馆学会霍瑞娟秘书长和朝华出版社汪涛社长，从《阅读推广人系列教材》第一辑到今天的系列出版，我们看到了坚毅的品格和社会的担当，大家积极推动阅读推广人的行动，一步一个脚印，不断迈进，不断提高，在全国已经遍地开花。也非常感谢张汉东主任和孙开老师悉心指导，保证了书稿写作的顺利完成。

春光正好，花开满径。令人高兴的是，随着疫情逐渐得到控制，工作生活也都正在逐步恢复正常。我们《中国书院与阅读推广》书稿完成之后，编辑出版也在有条不紊地进行着，期待早日出版。由于时间紧迫，难免有不少错讹，也希望方家不吝赐教。

2020 年春 李西宁于济南